"Die Zukunft beginnt jetzt!"

Jugendliche in den 90er Jahren - Ursachen politisch
extremistischen Verhaltens

von

Markus Kiel

Tectum Verlag
Marburg 2000

Die Deutsche Bibliothek - CIP-Einheitsaufnahme

Kiel, Markus:
"Die Zukunft beginnt jetzt!".
Jugendliche in den 90er Jahren - Ursachen politisch extremistischen Verhaltens.
/ von Markus Kiel
- Marburg : Tectum Verlag, 2000
ISBN 978-3-8288-8090-0

Tectum Verlag
Marburg 2000

Inhaltsverzeichnis

Vorwort

Diese Arbeit versteht sich als ein einzelner, aus mehreren Elementen zusammen gesetzter, Teil, der den Anspruch hat, übergreifend und somit verbindende El e-mente zu anderen Teilen zu schaffen.

In Anlehnung an den britischen Philosophen Bertrand Russell stelle ich mir nun die Frage, ob ich diese Arbeit geschrieben habe, um bestimmten Ideen den nur mir eigenen Ausdruck zu verleihen, oder ob ich es aus dem Grunde des Beifalls geschehen lasse.

Beides: erstrangig steht diese Arbeit von und durch mich gestaltet auf den folgenden bedruckten Seiten Papier und dem hier zum Ausdruck gebrachten.

Zweitrangig allerdings steht erst der positive Beifall, denn ich erwarte nicht, daß ich durch eine aus meiner Sicht geschriebenen Arbeit grundsätzlich welchen erhalten kann.

Vieles ist sicherlich streitbar - somit ist mir die konstruktive Auseinande r-setzung wichtiger.

Das läßt mich zu dem Schluß kommen, im Sinne der Lebensbejahung Russells „in einer Beschäftigung, die keine schädlichen Folgen hatte, sondern im Gegenteil Geist und Kenntnisse bereicherte" [1] sinnvolles geschaffen zu haben. Sollte die Leserschaft am Ende der Arbeit zu einem ähnlichen Ergebnis ko m-men, habe ich ein kleines Ziel erreicht.

Doch nicht nur meine alleinige Schaffenskraft ist maßgeblich an der En t-stehung dieser Arbeit beteiligt gewesen. Ohne Mitmenschen wäre ich wohl of t-mals in der Sackgasse der geistigen Verzweiflung und Verwirrung gelandet, mit allen destruktiven und unfruchtbaren Konsequenzen. Ebenfalls das meine ich mit der Aussage, das ein Ganzes nicht nur aus der Summe der einzelnen Teile besteht.

Hierzu zählen meine Eltern, meine Schwester, mein Großvater und viele Diskussionspartner im Freundes- und Bekanntenkreis.

An dieser Stelle sei nochmals eine dankende Widmung ausgesprochen.

---

[1] Bertrand Russell, Eroberung des Glücks, (1930), 13.Auflage 1996, Frankfurt a.M., S.116

GLOSSAR

ANS	Aktionsfront nationaler Sozialisten
AStA	Allgemeiner Studierenden - Ausschuß
BHJ	Bund Heimattreuer Jugend
BMI	Bundesministerium des Innern
BMFJ	Bundesministerium für Frauen und Jugend
BRD	Bundesrepublik Deutschland
BSHG	Bundessozialhilfe-Gesetz
BzfpB	Bundeszentrale für politische Bildung
CDU	Christlich Demokratische Union
CSU	Christlich Soziale Union
DDR	Deutsche Demokratische Republik
DKP	Deutsche Kommunistische Partei
DVU	Deutsche Volksunion
FAD	Freiwilliger Arbeitsdienst
FAP	Freiheitliche Deutsche Arbeiterpartei
FDJ	Freie Deutsche Jugend
GEW	Gewerkschaft für Erziehung und Wissenschaft
HJ	Hitler-Jugend
JWG	Jugend-Wohlfahrtsgesetz
KJhG	Kinder- und Jugendhilfegesetz
KPD	Kommunistische Partei Deutschland
NA	Nationale Alternative
NF	Nationalistische Front
NPD	Nationaldemokratische Partei Deutschland
NSDAP	National Sozialistische Deutsche Arbeiter Partei
NSDAP/AO	National Sozialistische Deutsche Arbeiter Partei/ Au s-lands-, Aufbau-Organisation
PDS	Partei des demokratischen Sozialismus
RAD	Reichs - Arbeitsdienst
REP	Partei „Die Republikaner"

SED	Sozialistische Einheitspartei Deutschland
SJD (Die Falken)	Sozialistische Jugend Deutschland – Die Falken
SoR	Schule ohne Rassismus
SPD	Sozialdemokratische Partei Deutschland
SRP	Sozialistische Reichspartei
WJ	Wiking Jugend
ZEB	Zentrum für Europäische Bildungsforschung e.V.

Einleitung

Das wiedervereinigte Deutschland erlangte in der erste Hälfte der 90er Jahre dadurch Berühmtheit, daß es weltweit mit politisch extremistischen Aktionen in die Schlagzeilen geriet.

Ostdeutsche Progrome wie in Rostock und Hoyerswerda 1991 und 1992 bildeten neben den westdeutschen Morden in Mölln und Solingen 1992 und 1993 neben dem unbehelligten Auftreten in Magdeburg am sogenannten "Vatertag" 1995 die bisherigen Höhepunkte.

Neben anderen Delikten wie Körperverletzungen und Tötungen an andersdenkenden und Obdachlosen dürfen an dieser Stelle auch Wahlerfolge rechter Parteien im April 1998 in Sachsen-Anhalt nicht außer Betracht gelassen werden.

Ebenso wenig dürfen Wahlerfolge ehemaliger Staatsparteien eines totalitären Regimes im September 1998 nicht mißachtet werden.

Nicht zynisch gedeutet werden soll, daß die Morde in den 70er Jahren seitens der "Roten Armee Fraktion" (RAF) ebenfalls in die Thematik der Diplomarbeit hätten eingebaut werden können – das allerdings würde den Rahmen dieser Arbeit sprengen.

Radikalität und extremistische Verbindungen sind auch Parteien nachzuweisen, denen der Einzug in den Bundestag gelang. Somit soll eine parteibezogene Jugendarbeit/junge Erwachsenenarbeit voran getrieben werden;bspw. bietet die „Partei des demokratischen Sozialismus" (PDS) an fast jeder bundesdeutschen Hochschule Diskussion- und Aktionsgruppen an, welche nicht selten in Verbindung mit anarchistischen und radikalen Gruppierungen stehen und durch den Vertreter der Studierenden – dem ASTA – geduldet werden.[2]

---

[2] An dieser Stelle sei für Düsseldorf die "Aktion Knastmucke" erwähnt, die der PDS angehört und gleichzeitig Autorenidentisch ist mit der "Stattzeitung TERZ". Gleichzeitig veröffentlicht die letztgenannte Zeitung Adressen und Aktionen von im Verfassungsschutz aufgeführten linksextremen Parteien.
Die PDS hat in ihrer Zentrale in der Oststr. 37 in Düsseldorf mehrere – nach außen hin unabhängig von ihr stehende – Gruppierungen postalisch untergebracht.
Die Zeitung „TERZ" liegt im ASTA-Gebäude der HHUD aus und erscheint monatlich neu, ebenso finden sich dort Zeitungen und Informationen der "KPD" und anderer – ausschließlich linksextremistischer - Organisationen.
Dieser Umstand allerdings scheint Universitätsunabhängig zu sein: in der Westfälischen - Wilhelms Universität Münster, der Bergischen Universität Gesamthochschule Wuppertal oder der Ruhr-Universität Bochum finden sich ähnliche Zeitschriften in den Gebäuden des AStA`s

Die kaum öffentlich vertretene „Nationaldemokratische Partei Deutsc   h-
land" (NPD) wendet sich eher an Jugendliche, und das nicht erst seit den 90er
Jahren. Gerade bzgl. der Zunahme der Jugendarbeitslosigkeit wird hier ein ve   r-
mehrtes Augenmerk drauf zu richten sein.

So hat diese Partei es bspw. genutzt, mit herkömmlichen pädagogischen
Mitteln und Wegen nicht ansprechbare Jugendliche durch Motoradclubs an sich
zu binden, deren Mitglieder ebenfalls zu Morden in der Lage waren   [3] oder ve r-
sucht Arbeitslose an sich zu binden.

Hierdurch wird deutlich, welches Potential sich hinter dieser Partei ve   r-
bergen kann, auch wenn die Bundestagswahl 1998 andere Ergebnisse gezeigt
hat. Doch ausschließlich an den Wahlerfolgen den Einfluß extremistischer
Gruppierungen festzumachen muß sich als Trugschluß erweisen, denn Progn   o-
sen gaben an, daß das Wahlverhalten bzgl. rechtsextremer Parteien bei 10% lag,
keine der Partien aber en Einzug in den Bundestag schaffte.

Vielmehr ist diesbezüglich der Studie von Richard Stöss u.a. Beachtung
zu widmen, die bspw. innerhalb der Wählerschaft der SPD bei einem Stichpr   o-
benumfang von n=3186 ein rechtsextremes Wählereinstellungspotential von
30% im Westen, 29% im Osten und bei der CDU (Christlich Demokratische
Union) eines von 22% (17%) herausgefunden haben.[4]

Diese Untersuchung allerdings sprengt ebenfalls den Rahmen der hier
vorgelegten Arbeit.

---

wieder.
So findet sich bspw. in der BUGH-Wuppertal im Juni ein Aufruf zu einer Demonstration am
3.06.1999 wieder, der von dem Asta der Uni Köln, dem AStA Wuppertal und dem PDS-
kooperierenden „Antifaschistischen Koordinationskreis (Antifa-KOK-Düsseldorf) (vgl. auch
Stattzeitung Terz aus Düsseldorf) unterzeichnet wurde. (Hrsg.: Linksradikales Bundesweites
Bündnis gegen EU- und Wirtschaftsgipfel, c/o Asta Uni Köln, Antifa-Referat, Köln); es stellt
sich die Frage, ob es nicht berechtigt ist, gegen solche politischen Aktivitäten des AstA`s g e-
richtlich vorzugehen – ein AstA hat die studentischen Interessen und nicht aber ideologisierte
Standpunkte zu vertreten! (vgl. auch das sog. „Maulkorb-Urteil" gegen den AStAa der
WWU-Münster im Jahr 1994!!!).
Der einzelne fragt sich sonst, ob er seinen Semesterbeitrag in tatsächlich   seinem Interesse
bezahlt!!!
[3] vgl. "Stern" vom 9.06.1982 – "Nazi-Rocker: Die SS ist unser Vorbild": innerhalb dieses
Artikels werden zum einen die Verbindungen des "Motorad-Clubs National" und der NPD
deutlich, zum anderen wird die Ermordung des Türken Sydi Battal Koparan aufgezeigt.
[4] Deutsche Paul Lazarsfeld-Gesellschaft und Otto-Stammer-Zentrum an der FU Berlin
(Hrsg.), Kontaktperson Richard Stöss: Rechtsextremismus, politische Unzufriedenheit und
das Wählerpotential rechtsextremer Parteien in der Bundesrepublik im Frühsommer 1998 –
Befragungsergebnisse für die Pressekonferenz am 09.07.1998, Berlin, S.29

Was also soll der Untersuchungsgegenstand sein?

Primär geht es um Jugendliche /junge Erwachsene, welche zumindest l a-tent wenn nicht bereits betroffen sind von der politischen Manipulation ihrer Lage.

Latent Betroffene bilden eine besondere Gruppe innerhalb der pädagog i-schen Arbeit, denn bei ihnen besteht die Möglichkeit nach der Analyse der ps y-cho- und soziologischen Ursachen fundamentierte theoretische Rückschlüsse zu ziehen und diese in die Praxis einzubauen.

Bei der Gruppe der mittelbar Betroffenen stellt sich die Möglichkeit, he r-kömmliche pädagogische Mittel kritisch zu hinter fragen und neue an den ind i-viduellen Bedürfnissen der Betroffenen zu konzipieren.

Lediglich die Gruppe der direkt und zumeist politisch im eigentliche Si n-ne Tätigen sind pädagogisch nur dann zu erreichen, wenn eine ´Kriseninterve n-tion` - Strafverfolgung und beschlossener Szeneausstieg - die notwendigen Vo r-aussetzungen, nämlich die des eigenen Wunsches und des Willens der Veränd e-rung, verschafft.

Den sogenannten harten, oftmals wegen politischer Delikte vorbestraften, Kern von aktiven Funktionären und Drahtziehern wird man pädagogisch wohl nicht erreichen.

Durch Kontakte zu beiden Szenen über einen bestimmten Zeitraum und wegen meiner einjährigen Berufstätigkeit als Sozialpädagoge wird nicht nur Theorie analysiert werden, sondern zumindest unterschwellig wird die eigene erlebte Praxis in diese Arbeit mit einfließen.

Somit bleibt zunächst abzuwarten, was diese vorliegenden Arbeit an E r-weiterung, Revidierung, Erneuerung und Ergänzung des pädagogischen Hor i-zontes leisten kann.

„Die entscheidende Frage ist natürlich immer: Was wird jetzt gebraucht? Die These (...) lautet, daß die Erzählungen, die unserer gegenwärtigen Auffa s-sung von Erziehung zugrunde liegen uns keinen guten Dienst erweisen und sehr wohl zum Ende (im Sinne der kommunitaristischen; M.K.) der Erziehung führen können."[5]

---

[5] Neil Postman, Keine Götter mehr – Das Ende der Erziehung, München, 1997, S.82

1. Politischer Extremismus

1.1. Definition

1.1.1. "Politischer Extremismus"

Extremismus wird als Antithese zum demokratischen Verfassungsstaat bezeic h-
net. Überwiegend beinhaltet der Begriff das politische Denken und das ang e-
strebte Ziel; extremistische Inhalte sind somit z.b. dann in Begriffen zu finden,
wenn innerhalb der Gesellschaft existierende Probleme ausschließlich auf eine
Ursache zurückführen sind und somit gleichzeitig gesellschaftliche Vielfalt, O f-
fenheit und Toleranz ausgeschloßen sind.[6]

Da der Extremismus als Antithese der Demokratie gilt, muß seine Defin i-
tion aus den Minimalbestimmungen des demokratischen Verfassungsstaates
hervorgehen.[7]

Diese lauten nach Backes/Jesse neben dem Pluralismus besonders die
durch das Bundesverfassungsgericht 1952 und 1956 in den Parteiverboten gegen
die "Sozialistsiche Reichspartei" (SRP) und die "Kommunistische Partei
Deutschland" (KPD) ausgesprochenen Inhalte des Grundgesetzes. Allerdings
handelt es sich hierbei um eine "definition ex negativo", welche den Eindruck
erweckt, der politische Extremimismus würde als sekundär und der Verfa s-
sungssaat als primäres existierendes Phänomen anzunehmen sein. Diese ahist o-
rische Betrachtung allerdings vernachlässigt, daß sich der demokratische Ve r-
fassungssaat "gerade in Auseinandersetzung mit (...) Formen des Herrschaft s-
mißbrauchs entwickelte. So gesehen ist also der politische Extremismus als das
Primäre, der demokratische Verfassungsstaat als das daraus Abgeleitete ge l-
ten."[8]

Antidemokratische Inhalte des Extremismus werden zumeist unterteilt
und subsumiert in den rechtsextremismus und hierbei dem Faschismus und N a-
tionalsozialismus sowie dem Linksextremismus und hierbei dem Sozialismus
und dem Kommunismus.[9]

---

[6] vgl. Schubert/Klein; Das Politiklexikon, Bonn, 1997, S.101 - als Beispiel kann die Aneina n-
derreihung von in rechtsextremen Kreisen verwendetetn Begriffen "Asylantenflut - Krimin a-
lität - Arbeitslosigkeit" aufgeführt werden.

[7] vgl. Backes/Jesse, Politischer Extremismus in demokratischen Verfassungsstaaten, Opladen,
1989, S.87ff.

[8] ebd., S.103

[9] vgl. Gerd Reinhold (Hrsg.), Soziologie-Lexikon, , 3.Auflage, München

1.1.2. Inhaltliche Kennzeichen des politischen Extremismus

Ein Kennzeichen des politischen Extremismus ist, daß die auf ihn bezogenen
Handlungen innerhalb einer Weltanschaung eingebettet sind, welche für eine
möglichst hohe Zahl von Problemen greifbare Lösungen bieten sollen.

Mittels Stereotypen wird eine Auseinandersetzung mit der Demokratie
versucht, wobei jede politsche Extreme den Anspruch erhebt, alleinige Vertret e-
rin des absolut wahren Standpunktes zu sein; nur eine radikale Veränderung
kann die Gesellschaft wieder in Balance bringen - hierbei unterscheiden sich
Rechte und Linke nicht voneinander.[10]

Die Formen und das Handeln des Extremisten können hierbei von einer
"Legalitätstaktik bis hin zur entschlossenen Anwendung von Gewalt (Terrori s-
mus)"[11] reichen - ersteres ist somit das Problem der verfassungsgebenden G e-
walt, während letzteres überwiegend unter strafrechtlichen Aspekten betrachtet
wird (vgl. Kapitel 2.3. innerhalb dieser Arbeit).

Des weiteren ist bezeichnend für den Extremismus, daß sich innerhalb der
extremistischen Gruppierungen auf eine "Verabsolutierung bestimmter Grun d-
vorstellungen (...), denen zur Weltinterpretation und Problemlösung universelle
Bedeutung zugemeßen wird."[12] geeinigt wird.

Neben einer hieraus resultierenden `Schwarz-Weiß-Unterteilung` ist den
im folgenden aufgeführten extremistischen Richtungen auch gemeinsam, daß
die o.g. Absolutheitsansprüche eine "Kluft zwischen Wahn und Wircklichkeit"[13]
überbrücken sollen.

Diese Absolutheitsansprüche werden zudem in offensive und defensive
unterteilt, wobei diese charakterisiert sind durch die im weiteren Verlauf dieses
Kapitels dargestellten Kriterien[14].

Durch die Erklärung, alles `Gute`und `Wahre`zu verkörpern, wird durch
einen offensiven Welterklärungsanspruch von sämtlichen Lebensbereichen B e-

---

[10] vgl. Backes/Jesse, Politischer Extremismus, Hrsg.: Bundeszentrale für politische Bildung,
Bonn, 4. Auflage, 1996, S.45f.
[11] Landeszentrale für politische Bildung NRW (Hrsg.), NRW-Lexikon, Opladen, 1996, S.85
[12] Backes/Jesse, 1996, S.525 - zu diesen Grundvorstellungen gehören nicht nur der jeweiligen
Ideologie unhinterfragbare Lehren ("Rassenkunde", "kapitalistische Klassengesellschaft"),
sondern auch das nicht zu hinterfragende Geschichtsbild, welches beide Ideologien rechter
und linker Extremisten im 20.Jahrhundert hinterlassen haben; dadurch ist u.a. die Auseina n-
dersetzung bzgl. des "Schwarzbuch des Kommunismus" von Stéphane Courtois (München,
1998) zu erklären.
[13] ebd.
[14] Backes/Jesse, 1989, S.298ff.

sitz ergriffen, während der defensive Anspruch jeden Bereich vor fremden, u n-
terdrückenden Einfluß zu verteidigen vorgibt.

Dogmatismus verbindet sich hierbei mit utopischem Denken; dieses läßt
sich nur realisieren, indem ein dem Sündenbocktheorem ähnliches Freund-
Feind-Schema aufgebaut wird. Um die Legitimität des eigenen Denkens und
Handeln zu unterstreichen wird dieses Freund-Feind-Schemata mit einer Ve r-
schwörungstheorie verbunden.

Ebenso wie die Absolutheitsansprüche bildet die "Vorstellung konspirat i-
ver Machenschaften (...) gewissermaßen den ideologischen `Kitt`, der die zw i-
schen axiomatischen Systemen und Wirklichkeitserfahrung klaffende Lücke
füllt."[15] Durch eine Immunität gegenüber empirischen Überprüfungen und dem
sich selbst einer allgemeinen Manipulation Entziehen entsteht "ein Gefühl i n-
tellektueller Überlegenheit und (dieses) stärkt das Sendungsbewußtsein - ein
schwer zu durchbrechender Kreislauf von Betätigung und Bestätigung."[16]

Antidemokratische Stereotype - so Backes/Jesse - sind besonders in B e-
völkerungskreisen vertreten, die sich nicht in extremistischen Organisationen
befinden; hieraus erklären sich dann trotz geringer Mitgliederschaft zweistellige
Wahlergebnisse.[17]

Häufig synonym mit dem Begriff Extremismus findet sich der Begriff des
Radikalismus in der Literatur wieder. Neben dieser undifferenzierten Betrac h-
tung besteht die Gefahr, (un-) wissentlich somit mehrere Gruppierungen in e i-
nem Zug zu nennen und zu stigmatisieren.

1.1.3. Radikalismus

Radikalismus bezieht sich überwiegend auf die Art und Weise der Durchsetzung
politischer Ziele; aus dem Lateinischen übersetzt bedeutet dies, daß nicht an
Symptomen, sondern an den Wurzeln (radix) angesetzt werden soll.

Mittel und Wege zur Erreichung der Ziele sind allerdings zumeist ebe n-
falls wie beim Extremismus außerhalb der gültigen Rechtsnorm anzutreffen.[18]

---

[15] ebd., S.309; bezogen auf den Rechtsextremismus gibt Wolfgang Benz (in Backes/Jesse,
S.58) bspw. an, daß Regierung und Wirtschaft durch "bösartige(...)Minderheiten korru m-
piert"seien; somit erklärt sich die Vorstellung des `internationalen Finanzjudentums`.
[16] ebd.
[17] vgl. die Wahlen in Sachsen-Anhalt im April 1998, bei der die DVU mit einem Landesve r-
band mit knapp 100 Mitgliedern annähernd 13% aller Stimmen erhielt; vgl. auch die bei R i-
chard Stöss erhältliche Untersuchung vom Juli 1998 "Rechtsextremismus, politische Unz u-
friedenheit und das Wählerpotential rechtsextremer Parteien in der Bundesrepublik Deu t-
schalnd".
[18] vgl. Reinhold, Soziologie-Lexikon

Semantisch unter anderem durch die Emanzipationsbewegung in Gro ß-
britannien des letzten Jahrhunderts vorbelastet - eine Forderung dieser Bew e-
gung war der radikale Kampf um bürgerliche Freiheitsrechte - wird mit diesem
Begriff nicht nur eine Unterstreichung angestrebter Ziele ausgedrückt, sondern
für andere wird dieser Begriff oftmals mit dem Ettikett `Verfassungsfeindlic h-
keit` verbunden.[19]

Da der Begriff des Extremismus innerhalb der Wissenschaft als Samme l-
bezeichnung antidemokratischer Gesinnungen und Bestrebungen bezeichnet
wird, der gleichzeitig die Unterschiede zwischen links- und rechtsgerichteten
Strömungen aufhebt und eine der Gemeinsamkeiten - der Negation allen dem o-
kratischen Denkens und Handeln - in den Vordergung erhebt, wird dieser B e-
griff im weiteren Verlauf der Arbeit Verwendung finden.

1.2. Formen des politischen Extremismus

1.2.1. Der Begriff des "Linksextremismus"

1.2.2.1.Definition

Kerninhalt dieser politischen Richtung ist die Auffassung, daß die pluralistische
Demokratie die bürgerliche Herrschaft und Unterdrückung verschleiern soll;
diesem System wird der Anspruch der Ablehnung der Herrschaft des Menschen
über den Menschen entgegengesetzt.

Die ideologischen Fundamente des Linksextremismus sind die teilweise
sich widersprüchlich gegenüberstehenden Lehren von Marx, Engels, Lenin,
Trotzki sowie des Anarchismus bspw. nach Bakunin. Somit wird deutlich, daß
es innerhalb dieses Begriffes mehrere politische Positionen gibt.

Ein Ziel des Linksextremismus ist das Erreichen einer "klassen- oder
herrschaftslosen Ordnung (verbunden) (...) mit dem Glauben an die Gleichheit
und Perfektionalität des Menschen."[20] Hierbei soll die demokratische Grundor d-
nung durch eine sozialistische und mit dem letztendlich angestrebten Ziel der
kommunistischen Gesellschaft mittels Klassenkampf und Revolution ersetzt
werden.

Die Staats- und Gesellschaftsordnung soll innerhalb des linksextremen
Spektrums bei anarchistisch orientierten Gruppierungen zersetzt und letztendlich
zerschlagen werden um die herrschaftsfreie Gesellschaft zu erreichen - geken n-

---

[19] vgl. Backes/Jesse, 1996, S.525
[20] Moreau/Lang, Linksextremismus - eine unterschätzte Gefahr, Bonn, 1996, S.19

zeichnet ist diese Strömung durch die sogenannten militanten Autonomen.[21]

Synonym verwendete Begriffe zum Linksextremismus werden an dieser Stelle nicht aufgeführt werden, da sie bzgl. der weiteren Bearbeitung und dem im Verlauf deutlich werdenden thematischen Schwerpunkt keine Verwendung finden.[22]

1.2.2.2. Historie des Linksextremismus

Linksextreme Strömungen dehnen den Gleichheitsgrundsatz und das Freiheitsprinzip bis zur Aushöhlung dieses Begriffes aus. Im Anarchismus wird jedes staatliche Handeln bereits als repressiv bezeichnet. Ebenso wird eine klassenlose Gesellschaftsordnung verbunden mit dem Gleichheitsgedanken zum obersten Dogma erhoben - der entscheidende Unterschied zum im Folgenden aufgeführten rechtsextremen Spektrum, welches den Gleichheitsgrundsatz und das Freiheitsprinzip nur für die eigene Nation oder Rasse geltend macht.

Historisch gesehen beginnt die Geschichte des Linksextremismus - wenn man den politischen Ablauf einer solchen vielschichtigen Strömung überhaupt einer historischen Betrachtung unterziehen kann - mit der Spaltung der "Sozialdemokratischen Partei Deutschland" (SPD) und der "Unabhängigen Sozialdemokratischen Partei Deutschland" (USPD), der späteren KPD, im Jahre1917.

Die 1956 verbotene KPD konstituierte sich 1968 als "Deutsche Kommunistische Partei" (DKP) wieder und spielte bis zu dem Fall der Mauer im November 1989 politisch eine geringe, hingegen im linksextremen Spektrum die stärkste Rolle.[23]

Backes und Jesse unterscheiden zwischen orthodoxen Kommunisten - wie z.B. den Anhängern der KPD und der DKP und deren Nebenorganisationen, bspw. den aus studentischen Gruppen entstandenen K-Gruppen und trotzkistische Splittergruppen.

Daneben zählen die ideologisch am Anarchismus und sozialrevolutionären Konzepten orientierten Autonomen ebenso zu dem linksextremen Spektrum wie auch die vermischte Positionen beinhaltende linksalternative Szene.[24]

Seit dem Fall der Mauer 1989 hat die "Sozialistische Einheitspartei

---

[21] Bundeministerium des Innern, Verfassungsschutzbericht 1996, Bonn, 1997, S.22

[22] So könnte der Begriff "Linksextremismus" politologisch weiter unterteilt werden in Marx-, Lenin, -Stalin- Trotzki-, Maoismus, Rätekommunismus, Anarcho-Kommunismus und -Syndikalismus; vgl. Backes/Jesse Politischer Extremismus in demokratischen Verfassungsstaaten, Opladen, 1989

[23] vgl. Backes/Jesse, 1996, S.169

[24] Backes/Jesse, 1996, S.528

Deutschland" (SED), bzw. deren, demokratisch anerkannte, Nachfolgepartei
PDS die Führungsposition im linken Spektrum übernommen.

Sie verstand es, daß bereits vorhandene Netzwerk auszubauen, in we   l-
chem sich ideologisch verfeindete Gruppierungen ähnlich wie in den 80er Ja   h-
ren durch politische Schlagworte wie dem "Antirassismus" und "Antifaschismus", der Solidarität mit den Kurden und der PKK oder Prozessen gegen
Mitglieder der mittlerweile aufgelösten RAF übergreifend zusammenschloßen.[25]

1.2.2. Der Begriff des "Rechtsextremismus"

1.2.2.1.Definition

Der Begriff 'Rechtsextremismus' wird von Richard Stöss in seinem Aufsatz
"Rechtsextremismus-Begriff-Struktur-Analyse"[26] als Sammelbegriff für all das
verwendet, was sich gegen die Fundamente des Rechtsstaates ausspricht. Hierzu
zählt er konkret den (Neo-)Faschismus, (Neo-)Nazismus, Nationalismus und den
Totalitarismus auf.[27]

Im Mittelpunkt dieses Sammelbegriffes steht ein "ethnozentrischer Nati   o-
nalismus"[28], der in einer autoritär strukturierten 'Volksgemeinschaft' das Ziel des
starken Staates verkörpern soll.

Diesen, gegen die rechtsstaatlichen Prinzipien gerichteten Begriff setzt
Stöss mit dem der "Demokratiefeindschaft"   [29] gleich, zählt aber vier Haup   t-
merkmale des Rechtsextremismus zur Unterscheidung auf. Hierzu gehört zum
einen ein "übersteigerter Nationalismus", dessen höchster Sinn im Dienste für
"die Herrlichkeit der Nation besteht"   [30], zusammen mit einer feindseligen Ha   l-
tung gegenüber anderen Staaten; zum anderen das Negieren der "universellen
Freiheits- und Gleichheitsrechte des Menschen". Drittes Merkmal ist die A   b-
wendung von parlamentarisch-pluralistischen Systemen sowie viertens das Lei   t-

---

[25] vgl. Moreau/Lang, 1996, S.404ff.; vgl. auch H.-H. Knütter, Antifaschismus und politische
Kultur nach der Wiedervereinigung, in: Aus Politik und Zeitgeschehen, Bonn, 9/1991, S.17ff.
[26]Richard Stöss, Rechtsextremismus-Begriff-Struktur-Analyse, in: Kurt Bodewig u.a.(Hrsg.),
Die schleichende Gefahr - Rechtsextremismus heute, Essen 1990
[27] vgl. ebd., S. 61
[28] ebd.
[29] ebd., S. 62
[30] Manfred Funke, Geistige Wurzeln des Rechtsextremismus: Rassismus, Faschismus, Nati   o-
nalismus, in: Bundesministerium des Innern (Hrsg.), Extremismus und Gewalt, Band II, Bonn
1993, S. 11

bild einer der "natürlichen Ordnung entsprechenden Volksgemeinschaft" mit einer "wahren" Führerperson.[31]

1.2.2.2.Historie des Rechtsextremismus

Rechtsextremismus erscheint ebenso wie der Linksextremismus kontinuierlich im politischen Geschehen.

Knütter[32] unterteilt die Phasen des Rechtsextremismus in drei Wellen, die sich mit der Zuordnung nach Backes/Jesse[33] überschneiden. Diese Zuordnung ist gekennzeichnet durch die Hervorhebung populärer und erfolgreicher Parteien, Organisationen oder Aktionsformen zu.

Neben dem Verbot der "Sozialistischen Reichspartei" (SRP) 1952 spielen hierbei die Erfolge der "Nationaldemokratischen Partei Deutschland" (NPD) in den 60er Jahren eine tragende Rolle. In den 70er Jahren wurde das Thema des Rechtsextremismus durch den 1991 an HIV verstorbenen Neonazi Michael Kühnen und dessen Organisationen wieder aktuell, zudem nahm die Militanz zu wie das Beispiel der "Wehrsportgruppe Hoffmann" und der durch sie verübten Morde und Sprengstoffanschläge 1980 zeigen. Kennzeichnend für die 80er Jahre ist die Gründung der Partei "Die Republikaner" (REP) und die Gründung der "Deutschen Volks-Union" (DVU), die es als Verein allerdings bereits seit 1971 gab.

Besonders die REP machten durch anfängliche Wahlerfolge von sich reden, während letztere Partei erst seit der Wahl in Sachsen-Anhalt und dem erstmaligen Erreichen von zweistelligen Prozentzahlen wieder in die Schlagzeilen gelangte.

Symptomatisch für das rechtsextreme Spektrum ist, daß es keine Parteiübergreifende Kooperation gibt. Zwar gab es Versuche, sog. "nationale runde Tische" mit Vertretern der REP, NPD und "Deutsche Liga für Volk und Heimat" (DLVH) zu inszenieren, deren Durchsetzung allerdings scheiterte letztendlich an der - zumeist aus medientaktischen Gründen iszenierten - Abgrenzung der Parteien untereinander[34]

---

[31] Stöss, 1990, S. 63 f.
[32] H.-H.Knütter, Die Entwicklung des Rechtsextremismus in Deutschland - Historische, gesellschaftliche und psychologische Bedingungen seines Entstehens, in: Bundesminister des Innern (Hrsg.): Extremismus und Gewalt-Band I. Bonn, 1993
[33] Backes/Jesse, 1996, besonders S.93ff.
[34] vgl. Innenministerium des Landes NRW, Verfassungsschutzbericht NRW 1995, Düsseldorf, 1996, S.66ff.

1.2.2.3. Synonym verwendete Begriffe

Das synonyme Verwenden der Begriffe "Neonationalsozialismus" und "Neof a-
schismus" mit dem des Rechtsextremismus erscheint nicht sinnvoll.[35] Ein Grund
dafür ist die organisatorische und ideologische Zersplitterung des rechtsextrem i-
stischen Umfeldes. Hinzu kommt, daß sich der wissenschaftliche Wert des B e-
griffes dadurch erhöht, daß von ihm ausgehend weitere Differenzierungen a b-
geleitet werden könen, wie im Folgenden kurz aufgezeigt wird.[36]

1.2.2.3.1.Nationalismus

Der Nationalismus ist eine Ideologie, in der zunächst alle Menschen gleichg e-
stellt sind. Durch nationalistisch entstellte Begriffe wie "Heimattreue", "Vate r-
land" oder "Volksgemeinschaft"[37] schafft sie eine Solidarität der Menschen u n-
tereinander.

     Hierbei zählt das einzelne Individuum nicht, die Solidarität dient au s-
schließlich "der Art, der Rasse, dem Volk und dem Vaterland"[38]. Der höchste
Lebenssinn jedes Einzelnen besteht darin, "für die Herrlichkeit der Nation sein
Bestes zu geben."[39] Die oben genannte, im Nationalismus propagierte Gleichheit
des Volkes wird jedoch schon dann widerlegbar, wenn man die gleichfalls pr o-
pagierte Ungleichheit von Mann und Frau, deren `höchster Ruhm und deren
`Ehre im Muttertum` liegt[40], betrachtet.

1.2.2.3.2. Neonationalsozialismus

Der Neonationalsozialismus orientiert sich an den historischen Vorreitern und
den Prinzipien des Nationalsozialismus. Er ist gekennzeichnet durch die Mer k-
male des Führerstaates, eine rassistisch-antisemitische Ideologie, den Antibo l-
schewismus sowie den Militarismus.

     Der Neonationalsozialismus ist trotz des weiten Spektrums offener B e-
kenntnisse bis hin zur Verharmlosung des Nationalsozialismus nicht mit dem

---

[35] vgl. hierzu Backes/Jesse 1996, S. 531 f.

[36] vgl. ebd.

[37] Johannes Jäger, Erscheinungsformen des Rechtsextremismus, Skript zur Vorlesung, S. 5,
FH Münster – Fachbereich Sozialwesen, 1994

[38] ebd.

[39] Funke 1993, S. 11

[40] Jäger, S. 5 - als nationalistische Zeitung kann bspw. die in Berlin erscheinende "Junge Fre i-
heit" bezeichnet werden. Kennzeichen dieser Zeitung, welche die rechte Szene intellektuell
anhebt, ist die Auseinandersetzung mit einem positiven Verständnis des Begriffs Nationali s-
mus.

Rechtsextremismus identisch, da eine Kausalität und eine Vergleichsmöglichkeit zwischen den Begriffen über die Landesgrenzen hinaus nicht erkennbar ist.[41]

1.2.2.3.3. Faschismus

Als Ursprung gilt hier der italienische Faschismus, der in den 20er Jahren von dem italienischen Staatsführer Benito Mussolini geprägt wurde.

Der Faschismus, der einen "totalen Staat"[42] zum Ziel hat, ist geprägt durch das Führertum, die Politisierung der Massen sowie einen agressiven Nationali s-mus.

Der italienische Faschismus und der deutsche Nationalsozialismus sind Ausgangspunkt für viele ähnliche europäische Phänomene dieser Zeit[43].

1.2.2.3.4. Rassismus

Diese Ideologie besagt, daß die Zugehörigkeit zu einem Volk nicht durch die Sprache, Kultur oder Geschichte, sondern durch die Abstammung begründet ist.

Durch - oftmals einem großen Laienpublikum zugänglich gemachte - wi s-senschaftliche Begründungen aus der Vererbungslehre werden den Menschen von Geburt an bestimmte Eigenschaften und Fähigkeiten zugeschrieben. Oft werden außerdem Erkenntnisse aus dem Tierreich auf die menschliche Vere r-bungslehre übertragen.[44] Hierdurch wird ein "Freund-Feind-Schema" aufgebaut, das ein gezieltes Lenken einer Ideologie in eine Richtung ermöglicht, bei der es für gesellschaftliche Probleme immer einen personifizierter Sündenbock gibt.

Symptomatisch für den Rassismus neueren Types ist die Unterscheidung zum nationalsozialistischen Antisemitismus dahingehend, daß "Rechtsradikale und Ausländerfeindliche (...) heute nicht einen neuen Faschismus an(kündigen)" sondern er zeichnet sich dadurch aus, daß er "auf gesellschaftliche Krisenz u-stände (reagiert)"[45] und sich innerhalb dieser Krisensituationen verstehen läßt.

---

[41] vgl. hierzu Backes/Jesse 1996, S. 531 f.

[42] ebd., S. 525

[43] vgl. ebd., S. 525 - durch die Ausdehnung des Begriffes in der marxistischen Literatur, die alle Nicht-Marxisten als "faschistoid", also "tendenziell faschistisch" einstuft, wird allerdings der historische Faschismus verharmlost. Denn, so Richard Stöss, wenn zwischen Konserv a-tismus und Faschismus kein Unterschied bestehen, könne Faschismus nicht so schlimm sein (Vgl. Stöss 1990, S. 62 und Backes/Jesse 1996, S.526).

[44] vgl. Jäger, S. 2 - vgl. Kapitel 3 innerhalb dieser Arbeit: Verweis auf K.Lorenz und I.Eibl-Eibesfeldt

[45] Jürgen Körner, Rassismus: Das Fremde als Bedrohung, in : Michael Wimmer/Christoph Wulf/Bernhard Dieckmann (Hrsg.), Das zivilisierte Tier-Zur historischen Anthropologie der

Somit ist der aggressive Antisemitismus durch einen nach außen hin als defensiv in Erscheinung tretenden Rassismus abgelöst worden.

1.3. Daten des Verfassungsschutzes

Es stellt sich an dieser Stelle die Frage, welche Form des Extremismus innerhalb dieser Arbeit vorrangig behandelt werden soll.

Hierzu werden im folgenden Daten des Verfassungsschutzes [46] aufgeführt, die anschaulich machen sollen, welche Form des Extremismus von der judikat i- ven Seite her betrachtet gravierenderer Ausmaße angenommen hat.

Hierbei soll allerdings nicht auf jede dort aufgeführte Partei, Organisation oder autonome Gruppierung und Kameradschaft eingegangen werden, vielmehr soll ein Überblick über die Gesetzesverletzungen - auf die an dieser Stelle ebe n- falls nicht näher eingegangen werden soll - geschehen.

1.3.1. Linksextremismus[47] 1996/97

Die Entwicklung der Gesetzesverletzungen mit linksextremistischen Hinte   r- grund ist in den Jahren von 1987 bis 1996 von 1855 (logischerweise nur in den alten Bundesländern) auf 932 zurückgegangen (in den alten und neuen Bunde s- ländern).

Die Zahl der Gewalttaten sank innerhalb des gleichen Zeitraumes von 1497 Straftaten auf 654.

Gemessen an der Zahl der pro Bundesland verübten Straftaten lag Niede r- sachsen 1996 mit 178 und Berlin mit 176 Straftaten an vorderster, NRW mit 72 Straftaten auf dem vierten Platz, das Saarland mit 2 Straftaten an letzter Stelle.

Bezogen auf die Anzahl der Einwohner pro Bundesland ergibt sich, daß Berlin mit einem Wert von 5,07 pro 100000 Einwohner mit Abstand an vorde r- ster Stelle zu finden ist, NRW einem Wert von 0,40 auf der Skala besitzt und Bayern an letzter Stelle mit 0,22 vertreten ist.

Die Anzahl der zum harten Kern der linksextremen Szene gehörenden Autonomen wird mit ">7000"[48] angegeben - ein zusätzlich benanntes Mobilisi e- rungspotential wird nur sehr ungenau mit "mehrere tausend Personen" angeg e- ben.

Gewalt, Frankfurt a.M., 1996, S.149

[46] Sofern nicht anders angegeben, wird auf den Verfassungsschutzbericht 1996 zurück gegri f- fen.(Hrsg.: Bundesministerium des Innern, Bonn, 1997)

[47] ebd., S.24ff.

[48] vgl. ebd., S.24

1.3.2.Rechtsextremimsus 1996/97

Die Straftaten aus diesem Spektrum sind im Zeitraum von 1987-1996 von 1447 auf 8730 angestiegen.[49]

Am häufigsten wurden rechtsextreme Straftaten in NRW begangen; mit einer Anzahl von 1300 liegt NRW hierbei mit Abstand zu dem zweiten Platz Thüringen mit 879 Straftaten weit voraus.

Die Anzahl der Gewalttaten stieg im genannten Zeitraum von 192 auf 781.

Brandenburg liegt mit 489 Straftaten auf dem neunten Platz, das Saarland mit vier auf dem letzten innerhalb dieser Skala.

Gemessen an der Einwohnerzahl liegt Thüringen mit 34,91 Straftaten pro 100000 Einwohner an vorderster Stelle - gefolgt von den verbleibenden vier neuen Bundesländern.

NRW liegt mit einem Schnitt von 7,3 auf dem zehnten und das Saarland mit 2,03 auf dem letzten Platz in dieser Rangfolge.

Entgegen zu den linksextrem motivierten Straftaten sind bei den rechts-extremen Analysen bzgl der Altersstruktur der Täter gemacht worden.

Demnach sind 1996 66,3% aller Täter zwischen 16 und 20 Jahre alt gewesen, 27,4% waren zur Tatzeit 21-30, der Rest darüber mit 6,3% 31 Jahre und älter.

Zum Vergleich kann festgehalten werden, daß die Täter jünger werden, denn 1993 - so in der gleichen Tabelle - waren 58,9% 16-20, 34,7% 21-30 Jahre alt und 6,4% älter als 31.

Zudem ergibt die weiter Auffteilung des Tatalters, daß 1993 20,5% der Täter 16-17 Jahre alt waren, 1996 hingegen 29,6%; gleichzeitig sank wie oben angegeben der Wert der 21-30jährigen um 10%.[50]

1.3.3. Zusammenfassung

1.3.3.1. Entwicklung der Extreme

Würde die Zahl der in extremistischen Organisationen tätigen Mitglieder als Kennzeichen benutzt werden, der Form des Extremismus innerhalb dieser Arbeit

---

[49] Für 1997 wird ein weiterer Anstieg auf 11719 Taten verzeichnet. (BMI, Verfassung s-schutzbericht 1997, S.75)
[50] vgl. VSB 1996, S.93ff.

gerecht werden zu wollen, so käme nach einem rein mathematischen Zusa   m-
menrechnen folgendes Ergebnis zustande:

der Linksextremismus mit mehr als 145000 Personen gegenüber dem
Rechtsextremismus mit nur 45300 Personen im Jahre 1996 stellt die Bedrohung
der freiheitlich demokratischen Grundordnung um ein vielfaches dar; selbst der
Ausländerextremismus würde eine größere Gefahr darstellen, denn der Verfa   s-
sungsschutz stellt fest, daß hierbei 57300 Personen organisiert sind.

Dadurch bedingt, daß zum einen die Zahl der Mitglieder wenig über die
tatsächliche Bedrohung der Gesellschaft aussagt [51] bleibt festzuhalten, daß sich
innerhalb der letzten 10 Jahre die Zahl linksextremer Straf- und Gewalttaten um
mehr als 50% verringert hat, beim Ausländerextremismus nahezu konstant g   e-
blieben, beim rechtsextremen Potential aber um mehr als 600% bzgl. der Stra   f-
taten und mehr als 400% bzgl. der Gewalttaten angestiegen ist, rechtfertigen die
Auseinandersetung primär mit dem Komplex des Rechtsextremismus.

1.3.3.2. Schwierigkeiten bezüglich der Auswahl des politischen Extrems

Durch die Gewalt und die damit verbundene Wirkung auf andere Mitläufer, O   p-
fer, die Dynamik des Gruppenprozeßes, die psychoanalytische Struktur der T   ä-
ter wird das Problem des extremistischen Verhaltens Jugendlicher vordergründig
auf sog. rechtsextreme Jugendliche reduziert.

An geeigneter Stelle wird auf Paralellen und Überschneidungen zu den
anderen Formen politischen Extremismus verwiesen werden, denn es wird he   r-
ausgearbeitet, daß hintergündig verschiedene Erklärungsansätze Parallellen zw   i-
schen den - sich selbst als politisch darstellenden - Extremen aufzeigen. "Les
etrêmes se touchent!"[52]

---

[51] Wenn die Mitglieder der "Partei des demokratischen Sozialismus" aus dem Bericht entfernt
werden, verringert sich die Zahl der Linksextremisten um 110000 (1997: 105000).
Allerdings nützt es wenig, wenn der Argumentationsversuch unternommen wird, das Extr   e-
mismus-Problem dahin gehend gelöst zu sehen, daß sich "das Problem in seiner heutigen
Form mit dem Aussterben der Generation" (hier: die des NS-Reiches, M.K.) löst (vgl. H.-H.
Knütter, Ideologien des Rechtsradikalismus, Bonn, 1961, S.208-Veröffentlichung seiner Di   s-
sertation von 1960). Bis es soweit ist, hat bereits ein solch massiver Ideologietransfer statt
gefunden, daß Ideen erneuert immer wieder auftreten werden. Ansonsten dürfte die PDS für
den Verfassungsschutz keine Bedrohung u.ä. darstellen; schließlich sind nur 9% der Mitgli   e-
der unter 40, aber 67% älter als 60 Jahre (vgl. Focus, 3.08.1998, S.26). Dieser fast schon bi   s-
sig auszulegenden Logik geben die bereits o.g. Zahlen des Verfassungsschutzberichtes 1997
recht, dort ist die Zahl der PDS-Mitglieder um 5000 auf 110.000 gesunken. (BMI, Verfa   s-
sungsschutzbericht 1997, S.48)
[52] Backes/Jesse, 1996, S.531 – vgl.hierzu auch besonders bzgl. der Europa-Politik die Äuß   e-
rungen in der an der BUGH-Wuppertal aufgefundenen Zeitung "Cross-Point"-Hochschulzei-

Nicht unerheblich dürfte an dieser Stelle die Information sein, daß es über linksextreme Jugendliche nur wenige Informationen gibt, die zudem noch sehr dürftig sind.

Zumeist handelt es sich um Informationen aus parteipolitschen Spektren oder um solche, die nur eine oberflächliche Aufklärung zum Ziel haben.

Studien wie die "Bielefelder Rechtsextremismus-Studie" von Heitmeyer bzgl. linksextremistischer Jugendlicher sind mir nicht bekannt.

1.3.3.3. Zur Verwendung des Begriffs Rechtsextremismus

Begriffe wie 'Neonazi', 'Nazi' oder 'Neofaschist' werden allzu schnell auch an Jugendliche verteilt[53]. Die Verwendung solcher Begriffe wird oft festgemacht an der Benutzung bestimmter Symbole, verwischt dadurch aber gleichzeitig den Unterschied zwischen dem politisch 'harten Kern' und jugendlichen Mitläufern.

Innerhalb der Auseinandersetzung mit dem Thema des politischen Extremismus sind sie allerdings nicht sinnvoll, sondern etikettieren den Kreis der betroffenen Personen im vornherein als politisch ausgegrenzte, bzw. sich selber ausgrenzende.

Der Begriff des Rechtsextremismus erscheint deshalb angebrachter, da er die wissenschaftlichen Möglichkeiten der Ausweitung des Begriffes offen läßt.

Hinzu kommt, daß sich das Spektrum an jugendlichen Zuläufern seit den 80er Jahren ständig vergrößert hat, und der neue Rechtsextremismus sich gerade dieser Gruppe besonders angenommen hat. Jugendliche halten antidemokratische Ziele als erstrebenswert, da rechtsextremistische Gruppierungen in der heutigen Zeit den Jugendlichen scheinbaren Halt geben.

Grundsätzlich wäre eine Unterscheidung zwischen extremistisch und radikal angebracht, hätte aber eher politologischen Charakter.

---

tung Sommer 99, Hrsg.: PDS-Bundestagsfraktion, Heidi Knake-Werner, Berlin, Mai 1999, beonders S.6ff. und "Der (neue) Republikaner", 4-5 1999, besonders S.2f., Berlin, Hrsg.: Die Republikaner, Berlin

[53] vgl. das Buch des Aussteigers aus der Nazi-Szene Ingo Hasselbach, Die Bedrohung, Berlin, 1996, S.147

Auf dieses Buch wird noch an anderer Stelle verwiesen werden. Es biete nicht nur einen Einblick in die rechte Szene, sondern setzt sich aus ihr heraus mit derselbigen kritisch auseinander. Deweiteren werden Verflechtungen innerhalb des Spektrums ebenso aufgezeigt, wie auch Probleme der Gesellschaft, des Staatsapparates und der Justiz mit diesem Problem.

vgl. auch Ingo Hasselbach, Die Abrechnung - ein Neonazi steigt aus, Berlin, 1993

Das ergibt sich aus der Verwendung dieses Begriffes bzgl. sämtlicher -
teilweise verbotener - Organisationen, die 'rechts von der Union' (oder im and e-
ren Spektrum'links von der SPD/den Grünen') stehen. Es besteht aber ein deu t-
licher Unterschied zwischen Systemablehnung/-überwindung und der aus dem
System kommenden Veränderung.

Deshalb soll die Verwendung des Begriffes des politischen Rechtsextr e-
mismus bezogen auf die Jugendlichen/jungen Erwachsenen als 'tendeziell' im
politischen Sinne bezeichnet werden. 'Tendeziell' bedeutet hierbei, daß ta t-
sächliche Ansätze extremen Denkens und Handelns erkennbar sind. Der Leser
möge sich die Begriffe rechts- und linksextremistisch bezogen auf die Jugendl i-
chen, die nicht im Zusammenhang mit dem tatsächlichen 'harten politischen'
Kern in Bezug gebracht werden, als in 'Anführungszeichen'gesetzt vorstellen.

2. Jugend und Politik

2.1. Problemlagen Jugendlicher

Vielfältige Möglichkeiten Jugendlicher sich im Vergleich zu vorhergegangenen Generationen zu entfalten täuschen über die unter diesem Erscheinungsbild li e-genden Problemlagen hinweg.

"Das landläufig zu hörende Urteil: 'Der Jugend ging es noch nie so gut wie heute!'trifft (...) nur die halbe Wahrheit." [54] Zwar sind die Freiräume J u-gendlicher selten so groß gewesen wie heute, allerdings stellt sich unweigerlich die Frage, ob Freiheit dort, wo sie erlebt werden muß und somit einen Zang da r-stellt, noch als Freiheit bezeichnet werden kann.

Einschränkungen der Freiheit werden im folgenden erörtert werden.

2.1.1 Arbeitslosigkeit

Eine 1994 von der Zeitung "Spiegel" unternommene Untersuchung zeigt, daß aus Angst vor der Arbeitslosigkeit 52% der Jugendlichen es begrüßen würden, wenn sie bei der Vergabe gegenüber Ausländern bevorzugt werden würden. Dieser Einstellung wird teilweise per Gerichtsurteil nachgekommen.[55]

Arbeitslosigkeit wird in einer Umfrage des BAT-Freizeit-Forschungs-institutes im Jahr 1997 unter 100 Jugendliche von 93 und die Sorge um Ausbi l-dungsplätze von 75 Personen als die gravierenden Probleme der Zukunft b e-trachtet.[56]

Münchmeier befasst sich mit der subjektiven Problemwahrnehmung und stellt fest, daß 45,3% der Jugendlichen Arbeitslosigkeit als das Hauptproblem der Zukunft betrachten.

Hierbei ist es interessant, daß bei den 22-24jährigen 62,5% derjenigen dieses Problem vorrangig benennen, die sich noch auf dem Integrationsweg in

---

[54] vgl. Richard Münchmeier, Die Lebenslagen junger Menschen, in: Jugend '97 - 12. Shell Jugendstudie, Opladen, 1997, S.278 - im folgenden beziehen ich mich überwiegend auf o.g. Artikel, S.277-301
[55] Spiegel -special, November 1994, Hamburg, S.65 - nach einer Entscheidung des Bundess o-zialgerichtes können Deutsche oder Ausländer aus einem EU-Land bevorzugt behandelt we r-den bei der Vermittlung durch das Arbeitsamt. Nicht-EU-Staatsangehörigen wird - so die En t-scheidung - wenn sie nach einem Jahr nicht vermittelt werden, die Arbeitslosenhilfe entzogen. (vgl. Westdeutsche Zeitung vom 19.05.1998, Aktenzeichen: B 11 AL 75/97).
[56] aus: Westdeutsche Zeitung (WZ) vom 7.10.1997

die Erwerbsarbeit befinden und 64,4% der berereits Berufstätigen derselben
Meinung nachkommen.Sie überragen damit prozentual sogar die Arbeitslosen
Jugendlichen selber, welche mit 62,5% vertreten sind. Arbeitslosigkeit kann a   l-
lerding nicht als Hauptursache für extremistisches Auftreten gewertet werden,
da im EU-Vergleich in Deutschland bei den bis unter 25jährigen nach einer
"Condor-Umfrage[57]" "nur" 9,6% (10% sind es nach einer "Globus-Umfrage" [58])
arbeitslos sind, hingegen im EU-Durchschnitt 21,1%.

    In Spanien, wo 41,9% (39,3%) der unter 25jährigen arbeitslos sind, müßte
das extremistische Auftreten in diesem Land weitaus größer sein, wenn A   r-
beitslosigkeit als Hauptursachge gelten würde.

2.1.2. Zukunftsangst/Perspektivlosigkeit

42,1% der Studenten, 24,4% der Berufstätigen und 23,1% der Arbeitslosen sehe
der Zukunft mit Angst entgegen und scheinen in ihr keine Perspektive zu haben.

    Diese Wahrnehmung findet sich in den neuen Bundesländern verstärkter
als in den alten (27,2%/19,3%), Unterscheidungen zwischen den Geschlechtern
sind kaum relevant.

    Entgegen der Auffassung, daß nach " dem idealisierten Jugendbild (...)
der optimistische Blick in die Zukunft sozusagen zum Wesen der Jugend (geh ö-
re)"[59], da ihr noch alle erdenklichen beruflichen Wege offen stünden konstatiert
Münchmeier, daß durch die Jugendarbeitslosigkeit seit den 80er Jahren Jugend
als Entwicklungsphase nicht mehr nur als persönliche Biographie, sondern als
Belastung der Lebensplanung und der alltäglichen Lebensbewältigung - somit
kann zusammengefasst werden, daß die "gesellschaftliche Krise (..) inzwischen
die Jugendlichen erreicht"[60] hat.

2.1.3. Gestaltung der eigenen und gesellschaftlichen Zukunft

Mit 53% ist die Gruppe der zuversichtlichen Jugendlichen/jungen Erwachsenen
bezogen auf die gesellschaftliche Zukunft in der Mehrheit; weder das G   e-
schlecht noch die Herkunft (Ost- oder Westdeutschland) zeigen hierbei Unte   r-
schiede auf.[61]

    Heitmeyer hat hierzu allerdings im Gegensatz zu Münchmeier herausg   e-

---

[57] vgl. WZ vom 11.10.1997
[58] vgl. WZ vom 8.11.1997
[59] Münchmeier, 1997, S.290
[60] ebd.
[61] vgl. ebd., S.292

funden, daß 69,3% der Jugendlichen im Westen und 64,2% im Osten die Z   u-
kunft der Gesellschaft eher als düster bezeichnen.[62]

Bezogen auf die persöliche Zukunft allerdings konstatiert Münchmeier,
daß zum einen der Erwachsenengesellschaft entgeht, daß Jugendliche bereits
ihre eigene Sichtweise von der Gesellschaft haben und deshalb in Frage gestellt
werden muß, ob eine soziale und systemische Interatkionserziehung somit sin n-
voll erscheint.

Das erscheint dahingehend zusätzlich fraglich, da Jugendliche nicht nur
die eigene sondern auch die gesellschaftliche Zukunft an erster Stelle durch ste i-
gende Arbeitslosigkeit bedroht sehen.

Auch an dieser Stelle unterscheidet sich Münchmeier von Heitmeyer:
letzterer stellt fest, daß die persönliche Zukunft von 81,9% im Westen und
79,6% im Osten als zuversichtlich bezeichnet wird. Ähnliches gilt für die in di e-
ser Studie nochmals unterteilte Gestaltung der beruflichen Zukunft; hierbei e   r-
klärten 50,3 (49,6)% bzgl. der Gestaltung, daß sie zuversichtlich seien.

Wenn nach Münchmeier die eigene und die gesellschaftliche Zukunft
durch Arbeitslosigkeit gefährdet ist, so kann daraus gefolgert werden, daß
Hauptprobleme der Gesellschaft auf die eigene Person bezogen werden müssen.

Im folgenden wird deshalb aufgeführt, inwieweit sich diese Einstellung
im politischen Interesse und Engagement wieder spiegelt.

2.1.4. Politisches Interesse und Distanzierung

Die Shell-Studie 1997[63] konstatiert, daß lediglich 47% aller Jugendliche sich für
Politik interessieren - unterschieden werden muß hierbei zwischen Alter, G   e-
schlecht und Bildungsstand der Befragten.

Am wenigsten sind Frauen aus den neuen Bundesländern politisch inte   r-
essiert (36%), am stärksten Männer sowohl aus den neuen als auch aus den alten
Bundesländern (58%).

Eine einfache Erklärung - so Fischer in der Studie - könnte nun lauten,
daß bei Jugendlichen die Distanz zur Politik steige, weil ihre Politikverdrosse n-
heit wächst. Dieser Ansatz bedinge es aber, daß er "eine beruhigende Wirkung

---

[62] vgl. Wilhelm Heitmeyer u.a., Gewalt - Schattenseiten der Individualisierung bei Jugendl i-
chen aus unterschiedlichen Milieus, Weinheim, 1995, S.465
[63] Ich beziehe mich im folgenden - sofern nicht anders angegeben - auf folgende Literatur:
Arthur Fischer, Engagement und Politik, in: Jugend `97 - 12. Shell Jugendstudie, Opladen,
1997, S.303ff.

auf die politisch verantwortlichen aus (übe), weil sie die Suche nach möglichen eigenen Fehlern überflüssig machen."[64]

Ergiebiger erscheinen hiermit Untersuchungen, die sich mit den Ursachen des Desinteresses auseinandersetzen.

So faßt die Studie zusammen, daß Jugendliche den Eindruck haben, von der Politik als Sparobjekt betrachtet zu werden und keinerlei Möglichkeit der Entfaltung und Durchsetzung eigener Interessen zu besitzen scheint. Dieses Desinteresse der Politik an der Jugend wir von 85% der Befragten befürwortet, die Selbstbetrachtung als Sparobjekt mit 81%.

Aber nicht nur Desinteresse der Politiker, sonder auch eigene Distanz zur Politik sind kennzeichnend für wenig ausgeprägtes Engagement. Politik wird von 58% als langweilig bezeichnet, 31% ist es egal, welche Partei regiert und 25% messen dem Begriff der Demokratie keinerlei Bedeutung zu. Diese Meß-daten sind abhängig von Alter und Bildungsstand, denn je jünger die Befragten und je niedriger der Bildungsabschluß, desto höher war die Distanz zur Politik.

Fischer greift die Rhetorik der Erwachsenenpolitik auf, daß ein Desinteresse der Jugend an Politik dadurch vermieden werden könne, daß diese sich politisch engagieren könne und somit einen Wandel bewirken würde. Diese Überlegung wird von Jugendlichen zwar selber sehr stark angesprochen, allerdings nur von 24% für glaubhaft gehalten.

Hier läßt sich ein Zusammenhang zu einer Untersuchung Heitmeyers anführen, innerhalb derer herausgefunden wurde, daß 85,7% der Jugendlichen in den neuen und 84,9% in den alten Bundesländern niemals Mitglied einer Partei waren und lediglich 1,4 (0,9) aktives und 2,0 (1,1,%) passives Mitglied sind.[65]

Hieran anschließend kann das Gefühl der politischen Entfremdung aufgeführt werden. Es beschreibt die Ohnmacht gegenüber Politikern und ist dadurch gekennzeichnet, daß es größer ist, je geringer die Bildung ist. Allerdings - und das unterscheidet sich von Studien der 70er und 80er Jahre - "existiert kaum noch ein Zusammenhang zwischen politischer Entfremdung und politischen Verhalten"[66].

Letzt genannteres erscheint im Rahmen der Auseinandersetzung mit politischen Extremismus dahingehend interessant, als das eigentlich erwartet werden kann, daß eine Entfremdung ein extremistisch bezeichnendes Verhalten erst erzeuge. Ebenfalls im Rahmen der Thematik interessant ist die Auseinandersetzung mit der Anomie, was bedeutet, daß alte Normen ihre Gültigkeit verloren haben und neue sind noch nicht so beständig, daß sie eine Sicherheit im Leben

---

[64] ebd., S.303
[65] vgl. Heitmeyer, 1995, S.470
[66] ebd., S.317

der Jugendlichen darstellen. So erscheint es logisch, daß 77% der in o.g. Studie befragten einen festen Halt vermissen, der ihnen Orientierung verschafft.

2.1.5. Zusammenhang zu den psychologischen Erklärungsansätzen

In den Ausarbeitungen zu den psychologischen Erklärungsansätzen wird darauf eingegangen werden, welche Wirkung aus dem Gefühl der nicht abgesicherten Zukunft resultiert. Hierbei wird auf die Gewalt gegen noch Schwächere als Ventil der Entlastung aufgestauter Frustration verwiesen werden. Kennzeic h-nend für diese Gewalt ist, daß sie der Gefahr ausgesetzt ist, von politischen I n-teressensvertretern kanalisiert zu werden, und somit den Eindruck aufkommen läßt, ausschließlich politisch motiviert zu sein.

An dieser Stelle sei auf eine Studie des Bundesministerium für Frauen und Jugend 1993 hingeiwesen, die feststellt, daß bei Straftaten "expressiv-hedonistische"[67] - sogenannte "Action-Motive" - eine entscheidende Rolle spi e-len. Diese Motive sind dadurch gekennzeichnet, daß auf der Suche nach A b-wechslung eines als trostlos erlebten und ohne Orientierung bietenden Alltags die Konfrontation und Auseinandersetzung gesucht wird.

2.2. Die These der besonderen Rechtsextremismus - Anfälligkeit der Ostdeutschen

Die in Kapitel 1.3. zitierten Zahlen des Verfassungsschutzes bzgl. der Verte i-lung der Straftaten auf die Bundesländer geben Anlaß dazu, die These aufz u-stellen, Rechtsextremismus sei besonders in den neuen Bundesländern ein Pr o-blem.

Dieser These soll im weiteren Verlauf nachgegangen werden.

Es geht im folgenden nicht um eine Verlagerung des Problems oder eine Vermeidung der Auseinandersetzung mit westdeutschem Rechtsextremismus. Es soll auch nicht der Eindruck erweckt werden, nach der psychologischen Sü n-denbocktheorie das Problem anderen zuzuschreiben. Aufgezeigt werden soll, ob die Daten des Verfassungsschutzes als Symptom einer tatsächlich auf einen Landesteil beschränkten Ursache verstanden werden kann.

Hierbei darf nicht außer Betracht gelassen werden, daß die Definition de s-sen, was als rechtsextreme polizeilich angezeigte Straftat abhängig ist von dem, was unter Rechtsextremismus verstanden wird; ein Vergleich der Verfassung s-

---

[67]Bundesministerium für Frauen und Jugend (Hrsg.), Helmut Willems u.a., Analyse fremde n-feindlicher Straftäter, Bonn, 1993, S. 91

schutzberichte des Landes NRW und Bayern wäre an anderer Stelle diesbezü g-
lich unabdingbar.[68]

2.2.1. Vorbemerkung zur Situation in der DDR

Rechtextremismus hat es auch in der DDR seit Mitte der 80er Jahre gegeben,
wurde aber tlw. deshalb toleriert, weil diese Szene gegen die kirchlichen Tref f-
punkte der Bürgerrechtsbewegung gewalttätig vorging. Kam es zu Prozeßen g e-
gen Skinheads, so wurde die Schuld für die Fehlleitung dem illegal eingeführten
Propagandamaterial des westlichen Klassenfeindes zugeschrieben.

Anders als im westlichen Teil der heutigen BRD war in der ehemaligen
DDR durch die dort alleinig regierende Partei der SED ähnlich wie in anderen
totalitären Staaten ein Absolutheitsanspruch mit einem Freund-Feind-Denken
und einer utopistischen Idealisierung anzutreffen. Eine hierachische Strukturi e-
rung der Gesellschaft und durch "paramilitärische Rituale und Uniformierungen
der FDJ und der Gesellschaft für Sport und Technik"[69] führten ebenso dazu, daß
der propagierte Antifaschismus kontraproduktive Auswirkungen hatte und die
innere Gestaltung des Staates somit fruchtbare Ansätze für weitere Totalitari s-
men bot.

2.2.2. Vergleich von Ost- und Westberliner Jugendlichen 1993

Oesterreich stellt weniger die Frage, ob die innerhalb des DDR-Systems strenger
gesetzten Ge- und Verbote und der weitest gehenden Regelung durch den Staat
"bereits (mit) Einschränkungen der kindlichen Bedürfnisse und damit erlebten
Repressionen" gleichzusetzen sind, die dann einen autoritätshörigen Charakter
heranwachsen lassen.[70]

---

[68] Dementsprechend fassen Klaus Farin und Eberhard Seidel-Pielen bzgl. einer journalist i-
schen Rundreise zusammen, daß in einigen Ecken Bayerns Übergriffe aus Aslbewerberheime
als "Dumme-Jungen-Streiche" abgehandelt und somit polizeilich nicht erfasst wurden. vgl. K.
Farin/ E.Seidel-Pielen, Rechtsruck, 4.Auflage, 1993, Berlin, S.36
[69] Kurt Möller, Jugendarbeit und Rechtsextremismus - Gängige Verständnisse bröckeln we i-
ter, in: Krafeld u.a., 1993, S.20f., Band 5 der Schriftenreihe der Landeszentrale für politische
Bildung der Freien Hansestadt Bremen
[70] Genau diese These – der hier nicht weiter nach gegangen werden soll - vertritt der Krim i-
nolge Christian Pfeiffer,der behauptet, daß die "Hauptursache (rechtsextremistischen Verha l-
tens, M.K.) (...) die autoritäre Erziehung der DDR" gewesen sei, denn viel "zu früh und für
viel zu lange Zeit seien die Kinder von ihren Eltern getrennt worden (...) und einem hohen
Anpassungsdruck an die Gruppe ausgesetzt gewesen."(vgl. Spiegel 12/99 vom 22.03.1999,
S.60).

Vielmehr unterteilt Oesterreich in drei Kategorien der Verunischerungen, die Fremdenfeindlichkeit bedingen.

Er zählt die Massenarbeitslosigkeit neben der biographischen Verunsich e-rung auf, führt aber als wichtigste Ursache die nach der Euphorie der Verspr e-chungen sämtlicher Parteien zunehmende durch "Apathie und Depressivität als auch rechtsextremistische(n) Aktionismus"[71] charakterisierbare Situation.

Er konstatiert, daß bzgl. einer von im durchgeführten Umfrage unter Schülern Berlins ostdeutsche Schüler sich ausländerfeindlicher äußern, recht s-extremistische Orientierungen hingegen bei westdeutschen weitaus verstärkter und vermehrter vorhanden sind.

Hierbei definiert er Ausländerfeindlichkeit erst dann als solche, wenn sie "sich aus einer aktuellen sozialen und politischen Situation heraus entwickelt" [72] welche seiner Auffassung nach auch ohne rassistischen Hintergrund geschehen können, da Ausländer als tatsächliche Konkurrenz auf dem Arbeitsmarkt erlebt werden.

Rechtsextreme Orientierungen hingegen sind geprägt durch undemokrat i-sches Ideologie, Orientierung an der nationalen Größe, Verharmlosung von NS-Verbrechen und der Ausländerfeindlichkeit; letzteres ist also nicht als Indiz für rechtsextreme Orientierung, sondern allenfalls als ein Kennzeichen dieser anz u-sehen.[73]

2.2.3. Vergleich von Ost- und Westberliner Jugendlichen 1998

Das Wahlverhalten ost- und westberliner Jugendlicher hat Merkens [74] analysiert und festgestellt, daß die potentiellen Wähler rechter Parteien rechten Positionen in einem Ausmaß zustimmen, welches ein bedrohliches Ausmaß annehmen: so ergab die Auswertung einer Varianzanalyse, daß der Mittelwert bzgl. der Parte i-präferenz und rechter Einstellungen ergab, daß die SPD, CDU, PDS , die Gr ü-

---

[71] Detlef Oesterreich, Leben die häßlichen Deutschen im Osten? In: Otto /Merten, Rechtsrad i-kale Gewalt im vereinigten Deutschland, BzfpB (Hrsg.), Bonn, 1993, S.184

[72] ebd., S.186: Nach diesem Verständnis kann die Frage "Wären sie bereit mitzumachen, wenn andere Bürger den Asylanten handgreiflich klarmachen, daß sie in ihre Heimat zurüc k-fahren sollen" bei der 23,7% der Ost- aber nur 11,8% der Westdeutschen mit "Ja" geantwortet haben[72], als situativ erklärt werden. Somit könnten allerdings die Vorfälle in Rostock und Hoyerswerda der Jahre 1991 und 1992 ebenfalls als aus einer sozialen Situation heraus erklärt werden.
aus: Wilhelm Heitmeyer, Gewalt - Schattenseiten der Individualisierung bei Jugendlichen aus unterschiedlichen Milieus", Weinheim, 1995, S.367

[73] vgl. ebd., S.184

[74] Hans Merkens u.a., Lebensstile Berliner Jugendlicher. Hrsg.: FU-Berlin-Institut für Allg e-meine Pädagogik/Zentrum für europäische Bildungsforschung e.V., Berlin, 1998

nen und die Gruppe der Nichtwähler alle bei Werten von 7,6 bis 9,3 lagen, bei den REP und der NPD allerdings ergab sich ein Wert von 14,4. Die Zusamme n-fassung der letztgenannten Parteien hätte den Vorteil, das tatsächliche Wähle r-potential aufzuzeigen, gleichzeitig aber den Nachteil, daß hierdurch suggeriert wird, "die Rechten" hätten eine solche Präferenz. Dieses Problem stellt sich aber erst, wenn sich die Parteien auf eine reduziert haben, was angesichts des plural i-stischen Wahlsystems und besonders wegen der mangelnde Fähigkeit vieler P o-litiker, ihre Führungsposition rechtzeitig abzugeben, unwahrscheinlich ist.[75]

Ebenso spielt die Fremdenfeindlichkeit eine erhebliche Rolle, die Werte lagen hierbei zwischen 6,3 und 7,3 bei den erst genannten Parteien und den Nichtwählern, bei den REP/NPD allerdings lagen sie im Mittel bei 11,4.[76]

`Gesamtberlinerisch` werden von Jugendlichen mit einem Anteil von 10% Parteien wie die REP und die NPD bevorzugt. Aufgeteilt nach Ost und West ergibt sich, daß 18% der Ostberliner und 6% der Westberliner diesen Parteien die Stimme geben. Diese 10% - Vorhersage hat sich bzgl. der männlichen Erstwähler bei der Wahl bestätigt.[77]

Der PDS - als anderes Extrem hinzugefügt - werden im Osten 12, im W e-sten 2 und im gesamten Berlin 8% aller Stimmen gegeben werden.[78]

Merkens konstatiert, "daß insbesondere im Ostteil der Stadt Weimarer Verhältnisse drohen"[79], und gelangt somit zu einem Ergebnis, welches durch andere Untersuchungen[80] bestätigt und somit die Notwendigkeit der Beschäft i-gung mit politischen Extremen jeglicher Ausrichtung unterstreicht.

Somit kann festgehalten werden, daß das Problem des Rechtsextremismus zunächst als ein ostdeutsches Problem in Erscheinung tritt.[81]

---

[75] vgl. die "Runden Tische" rechter Parteien, dargestellt im Kapitel 1

[76] vgl. Merkens, S.128f.

[77] vgl. die Wahlanalysen in: Der Spiegel - Wahlsonderheft `98 vom 29.09.1998, Hamburg, S.34

[78] vgl. ebd., S.124f.

[79] ebd., S.130

[80] vgl. auch Ernst Uhrlau, Gibt es neue `Aufschaukelungs`-Phänomene zwischen dem Links- und Rechtsextremismus? in Wilhelm Heitmeyer (Hrsg.), Das Gewalt-Dilemma, Frankfurt a.M., 1994, S.435 ff.

[81] Diese These vertritt bspw. Der Kriminologe Christian Pfeiffer, der das Erziehungssystem der DDR als hierfür Ausschlag gebend bezeichnet: seine Kernaussage liegt darin, daß die DDR 40 Jahre lang einen Untertanen statt eines mündigen Bürgers "gezüchtet" hat, der sich innerhalb einer vorgegebenen Gruppe konform verhält (vgl. Spiegel 12/99 vom 22.03.1999, S.60ff.) – vgl. auch die Erkenntnisse aus der Gruppenpsychologie besonders im Kapitel 3.3.3. Solcherlei Erkenntnisse decken sich mit den Aussagen, der Faschismus sein in seinem Schoße noch fruchtbar - wenn die Kontinuität des historischen Faschismus auch in der Erziehung und

Durch die Verunsicherung und Unsicherheit erscheint sich der Rechtse x-tremismus im Osten im Wahlverhalten deutlicher auszudrücken als im Westen. Zudem besteht das Problem, daß statistische Vergleiche zwar dadurch zu relat i-vieren sind, daß die Zahl ost- und westdeutscher Jugendlicher unterschiedlich hoch ist, durch die "Ballung" und statistische Überepräsentation innerhalb der neuen Bundesländer besteht allerdings eine größere Gefahr der Kanalisierung des Rechtsextremismus und einer damit verbundenen Rekrutierung unter den - immer jünger werdenden - Jugendlichen.

Allerdings ist das Zahlenverhältnis von 4:1 bzgl. der Bewohner der alten und der neuen Bundesländer nicht der einzige Kritikpunkt an der These der A n-fälligkeit Ostdeutscher bzgl. des Rechtsextremismus - schließlich erscheint hie r-durch die `westliche`Gefahr in den Hintergrund zu geraten, denn erwähnt we r-den die DVU-Sitze in westlichen Landtagsparlamenten selten.

2.2.4. Zusammenhang zur Pädagogik

Jeder "Versuch, dem politischen Radikalismus durch Aufklärung und Erwe k-kung eines demokratischen Staatsbewußtseins zu begegnen und ihn zu überwi n-den" hat davon auszugehen hat, mit Sicherheit nicht "jene Rechtsradikalen, die nicht nur bewußte, sondern auch aktive Verfechter (Funktionäre, Mitarbeiter rechtsradikaler Publikationen etc., M.K.) ihrer Anschauung sind"[82] zu erreichen.

Vielmehr muß erkannt werden, daß nicht etwa "in der politischen Bildung in utopischer Weise das Allheilmittel gesehen wird. Sie ist nur das vorbeugende Mittel, hinter dem immer noch die Methoden der `negativen` Bekämpfung des Extremismus durch Polizei und Justiz ihre Bedeutung behalten."[83]

Deshalb werden kurz die möglichen juristischen Maßnahmen aufgeführt werden um anschließend dann Ansätze der Pädagogik zu analysieren, wobei ein fundamentaler, provokativ formulierter, Hintergedanke sein wird, "daß `Au s-schwitz` nicht pädagogisch, sondern nur politisch verhindert werden kann, aber die Pädagogik (...) diese Einsicht verbreiten"[84] kann.

---

dem alltäglichen Leben gängig ist, dann ist die gleiche Kontinuität innerhalb des annähernden sozialistischen Systems zu finden; letztendlich sind oftmals die gleichen Erziehungs- und Lehrkörper in tragenden und somit verantwortungsvollen Positionen zu finden (gewesen?) – vgl. Spiegel 35/92 vom 24.08.1999, "Alte Gesichter". Unterstützt wird diese Aussage durch den Tatbestand, daß in den neuen Bundesländern die Nachfolgepartei des sozialistischen T o-talitarismus – die PDS – von rund 20% der Wahlberechtigten gewählt wird.

[82] Hans-Helmuth Knütter, Ideologien des Rechtsradikalismus im Nachkriegsdeutschland, Veröffentlichung der Dissertation aus dem Jahre 1960, Bonn, 1961, S.210

[83] vgl. ebd.

[84] Hermann Giesecke, Hitlers Pädagogen - Theorie und Praxis nationalsozialistischer Erzi e-hung, Weinheim, 1993, S.291

2.3 Juristische Maßnahmen gegen Extremisten und der Zusammenhang zur Pädagogik

2.3.1. Der Tenor jugendstrafrechtlicher Forderungen im Wahljahr 1998

Nach Ereignissen wie in Rostock, Hoyerswerda, Mölln, Solingen und Magd e-burg in den Jahren 1991-1995, nach Meldungen über Freizeiten mit sog. "Crash-Kids" mit Kosten in Höhe von 72000 DM pro Person oder der Fall des türk i-schen Jungen mit dem Pseudonym "Mehmet", dem bis zu seinem 14. Leben s-jahr über 60 Straftaten nachgewiesen werden konnten und der mitsamt seinen Eltern nun ausgewiesen werden soll, lassen den Eindruck entstehen, daß die Kraft des harten Gesetzes nicht nur von 'Law-and-Order'-Politikern im Wahljahr 1998 als das geeignetste Lösungsmittel angesehen wird.

Eine Verschärfung des Jugendstrafrechts ist einfacher, als sich mit den Ursachen der Gewalt und der Kriminalität auseinanderzusetzen, wobei dem Recht auf Unversehrtheit der Opfer-Person dadurch keine nachrangige Position eingeräumt werden soll.

Desweiteren ist ein einfaches "Wegschließen" der Jugendlichen pädag o-gisch fragwürdig.

2.3.2. Verbote von Parteien und Organisationen

Grenzen der Prävention des Verfassungsschutzes liegen in dem Verbot von O r-ganisationen und Parteien; gemäß Artikel 21, Absatz 2 des Grundgesetzes b e-steht die Möglichkeit, verfassungsfeindliche Parteien und Organisationen zu verbieten.

Es stellt sich die Frage, inwieweit solche Maßnahmen zur Bekämpfung des Rechtsextremismus geeignet sind, wenn Aussagen wie die des Berliner N e-onazi Arnulf Priem zitiert werden.

Nach dem Verbot der "Deutschen Alternative" (DA) 1992 durch den d a-maligen Innenminister Seiters äußerte er: "Seiters hat uns geärgert. Aber ich ä r-gere mich auch, wenn ich in einen Haufen Hundekot trete! Deshalb wechsle ich doch nicht meine Stiefel.".[85]

---

[85]zitiert nach: Rolf Schmidt-Holtz, Unheil über Deutschland, 2.Auflage, Hamburg, 1993, S. 167 f.
Arnulf Priem ist der ehemalige Vorsitzende der Berliner Deutschen Alternativen (DA). Nach Aussagen einer "Spiegel-TV"-Reportage vom 30.09.1994, die auf dem Sender "VOX" ausg e-trahlt wurde, gilt er als Sozialarbeiter der Neo-Nazi-Szene. 1995 wurde er wegen mehrere Delikte zu 3½ Jahren Haft verurteilt und will nach deren Verbüßung als Hühnerzüchter aus der Szenen aussteigen. (vgl. Ingo Hasselbach, Die Bedrohung, Berlin, 1996, S.88)

Neben dem Desinteresse an staatlichen Sanktionen ist die hiernach oft-mals geschehene Neu- oder Umbenennung erfolgreiche Taktik. So entwickelte sich beispielsweise aus der Deutschen Alternativen bereits im Juli 1993 die Deutsche Nationalisten (DN) oder es werden andere Organisationen unterwandert, wie es bspw. durch Mitglieder der 1995 verbotenen "Freiheitlichen Deutschen Arbeiterpartei" (FAP) geschah, die zur NPD wechselten.

Hinzu kommt die Tatsache, daß ein in der Bundesrepublik Deutschland ausgesprochenes Verbot in einem 'Europa ohne Grenzen' bei einer nicht einheitlichen Gesetzgebung wenig sinnvoll ist.

So findet der 'Rudolf-Heß-Gedenktag' im benachbarten Ausland statt, revisionistische Publikationen werden im skandinavischen Bereich hergestellt und die Organisation autonomer Kameradschaften ("Zellen") geschah vom amerikanischen Kontinent aus.

2.3.3 Zusammenhang zur Pädagogik

Jugendstrafrechtliche Erneuerungen und Weiterentwicklungen außerhalb wahlkampftechnischer Äußerungen sind ebenso wichtig wie die Prävention gegen extremistische Bestrebungen, die Kontrolle oder negativ formuliert die Überwachung durch den Verfassungsschutz.

Ebenso ist es sinnvoll, mittels der Strafandrohung eines Verbotes Abwehrstärke der Demokratie zu beweisen - was letztendlich diskutabel bei tatsächlichen Verboten und den Folgen für die dort integrierten bleibt.

Der aus der Neonazi-Szene ausgestiegene Ingo Hasselbach wirft die auch für die Pädagogik nicht uninteressante Frage auf, an wen sich potentielle Aussteiger wenden könnten.

Neben den oftmals auftretenden juristischen Repressalien ergibt sich seiner Auffassung nach folgendes Dilemma:

"Aussteigen bedeutet zunächst einmal, daß man alle bisherigen Freunde aufgibt, sein gesamtes bisheriges Umfeld verläßt. Die Frage nach dem `Was jetzt?` ist also die vordringlichste. (...) Wer ist also da und fängt die Jugendlichen in diesem Moment auf?"[86]

Dieser Frage wird im Anschluß an das folgende Kapitel nachgegangen werden.

Zunächst aber werden die psychosozialen Ursachen aufgeführt; psychosozial wird hierbei als Begriff aus der Sozialpsychologie verstanden, der psychischer Faktoren (z.B. Lernen, Denken, Verhalten) und soziale Gegebenheiten

---

[86]vgl. ebd., S.143f.

(Sprache, Kultur, Gesellschaft) miteinander verbindet.

Psychologische und soziologische Elemente dürfen gerade deshalb nicht vernachlässigt werden, da sie mit entscheidend sind bzgl. der Art des Umgangs mit extremistischen Jugendlichen gleich welcher politischen couleur.

3. Psychologische Erklärungsansätze des Rechtsextremismus

3.1. Einleitung

Schon in den 30er Jahren wurde der Faschismus und gerade in Deutschland au f-gekommene Nationalsozialismus Gegenstand psychoanalytischer Untersuchu n-gen.

Diese Untersuchungen haben sich bis heute fortgesetzt und - wie im Ve r-lauf der Arbeitdeutlich werden wird - an Musterbeständigkeit zur Erklärung des `Faschisten in uns` nicht an Aktualität eingebüßt. Neben einer Kurzdarstellung der Ursprünge dieser Theorie nach freud wird überwiegend auf Reich und Ha k-ker Bezug genommen.

Um die Dynamik in Gruppen deutlicher zu erfassen - auch die Psych o-analyse beschäftigt sich mit dem Individuum in der Gruppe - wir die sozialps y-chologisch orientierte Gruppenpsychologie innerhalb der weiteren Bearbeitung des Themenkomplexes herangezogen werden. Erstmals wurde die Gruppenps y-chologie Ende des letzten Jahrhunderts Gegenstand wissenschaftlicher Betrac h-tungen.

Weitere neuere Ansätze der Streßforschung erlangten seit den ausgehe n-den 60er Jahren in Verbindung mit sozialwissenschaftlichen Disziplinen an B e-deutung. Ursachen zwischen Streß, aggressivem und abwertendem Verhalten sind hierbei zentraler Punkt der Darstellung.

Abwertendes Verhalten äußerst sich auch durch Sprache, Kommunikation miteinander und über andere. Deshalb wird auf den "aggressiv-entwertenden" Sprachstil nach Schulz von Thun eingegangen und auf der Grundlage der Diku r-stheoretischen Überlegungen nach Jäger aus Printmedien anhand von Beispielen erläutert werden.

Zur allgemeinen Einleitung in dieses Thema eignet sich die Aussage eines ausgestiegenen Neonazi-Führers,die alle genannten wissenschaftlichen Teilsdi s-ziplinen anspricht:

"In diesen Gruppen (gemeint sind Neonazi-Organisationen; M.K.) wird man systematisch dazu aufgebaut, alles für den >Führer< zu machen. (...) Ich kenne gerade in der Berliner Neonaziszene viele - auch noch aus meiner ehem a-ligen Gruppe - die wie tickende Zeitbomben durch die Gegend laufen. (...)

Mir ist die Theorie, die die Gerichte (...) anbieten, zu einfach. Da heißt es dann immer (in Gerichtsverhandlungen bzgl. der Täter; M.K.) sei in asozialen Verhältnissen großgeworden. (...) Ich vermisse bei solchen Gerichtsverhandlu n-gen immer einen Psychoanalytiker, der sich mal mit der Dynamik innerhalb so l-cher Gruppierungen befaßt. Aber bei den meisten deutschen Gerichten wird heute nach wie vor beharrlich von der Einzeltätertheorie ausgegangen."[87]

Es muß nicht ausdrücklich und ausschließlich der Psychoanalytiker sein, der in der Lage ist, die Ursachen und psychischen Bedingungen dieser Probl e-matik zu erläutern, doch ist dese Aussage bezeichnend für das 'Innenleben' so l-cher Gruppierungen; somit soll dieses Problem von verschiedenen psycholog i-schen Erklärungsansätzen her betrachtet werden.

3.2. Psychoanalytischer Erklärungsansatz

3.2.1. "Natürliche" Ungleichheiten

Leitsatz dieses von Friedrich Hacker, Gründer der Sigmund-Freud-Gesellschaft in Wien, konzipierten Gedankens ist: es gibt Starke und Schwache – durch eine Ontologisierung' und 'Biologisierung wird eine Ungleichheit geschaffen, aber gleichzeitig nicht als Ergebnis gesellschaftlicher und individueller Verhältnisse erkannt. Sozialdarwinistische Thesen unterstützen diese Ungleichheit. Dies hat zur Folge, daß angeborene Eigenschaften als nicht veränderbar dargestellt we r-den. Hierbei wird ein Zusammenhang zwischen den Unterschieden des G e-schlechts und damit verbunden ein Unterschied der Leistung und der Bildung geschaffen. Hierbei gibt es zwar tatsächlich unveränderbare Verschiedenheiten (zum Beispiel die Hautfarbe oder das Geschlecht) gebe, welche aber bei der B e-trachtung solcher Unterschiede die sozialpsychologische Bedeutung nict rel e-vant sind. Ansonsten besteht nämlich die Gefahr, daß solche Unterschiede zur Denunziation führen oder als Gefahr dargestellt werden können. Würden dera r-tige Verschiedenheiten dazu noch wissenschaftlich gerechtfertigt, zum Beispiel in den Thesen über angeborenes Verhalten von Konrad Lorenz so würde eine Politik daraufhin ausgelegt sein, sich "vor dem Masseneinbruch minderwertigen Erbguts zu schützen und zu bewahren."[88]

3.2.2. Das Recht des Stärkeren

In Anlehnung an die Ausdehnung und Maximierung von Ungleichheiten läßt sich folgern, daß Ungleichheiten hierarchisch nach Geschlecht, Hautfarbe etc. strukturiert sind. Dabei kommt das sog. Recht des Stärkeren zur Geltung. Dieses Recht, diese Überlegenheit, wird eher dem Mann zugestanden, gestützt auf eine biologische Begründung; denn der Mann sei stark aktiv, während die Frau eher

---

[37] Ingo Hasselbach, Die Bedrohung-mein Leben nach dem Ausstieg aus der rechten Terror s-zene, Berlin, 1996, S.139f.

[88] Friedrich Hacker, Das Faschismus-Syndrom, Düsseldorf, 1990, S. 39; vgl. auch ebd., S. 35-39

passiv und "vorwiegend mit Unterlegenheitstugenden ausgestattet" [89]sei. Diese Stärke zu verlieren, oder sich eingestehen zu müssen, andere nicht beherrschen zu können, bedingt in der Phantasie der Männer die größten Angstzustände. Aus diesem Grund muß alles, was die 'natürliche Ordnung' in Frage stellen könnte, vernichtet oder zum Untertan gemacht werden. Die moralische Legitimation hierfür wird "aus der natürlichen Seinslage ('So ist es und nicht anders') abg e-leitet."[90]

3.2.3. Das Führerprinzip

Wilhelm Reich geht davon aus, daß ein Führer nur zu dem werden kann, was er ist, wenn er seine vertretenen Ideen an eine breite Masse herantragen kann. Er verweist auf Hitlers `Mein Kampf`, welches gerade aus diesem Grund auf eine Argumentation verzichtet und nur das angestrebte Ziel darstellt. Aus dem bereit gehaltenen Repertoire an Zielen hat jeder die Möglichkeit, etwas für sich Ve r-wertbares herauszufiltern.

Ein Führer wird nur dann Erfolg haben, "wenn die Struktur einer Fü h-rungspersönlichkeit mit massenindividuellen Strukturen breiter Kreise zusa m-menklingt."[91] Von der Seite der Massen her betrachtet kann umgekehrt form u-liert werden: "Eine (...) Masse, so revolutionär oder konservativ sie auch sein mag, wird sich zur Erfüllung ihrer Forderungen stets an den Staat wenden" [92] - der in diesem Fall durch den Führer verkörpert ist.

Somit findet ein Wechselspiel zwischen Führer und Massen statt.

Aus den bei Hacker biologisch begründeten und hierarchisch gegliederten Ungleichheiten folgt, daß es Führer und Untertanen geben muß. Diese Hierachie beinhaltet ein Über- und Unterordnungsschema. Ein durchgehendes Kriterium bezüglich des Faschismus ist hierbei die "Einstellung zu Gewalt und der Grad der Anerkennung der Legitimität von Institutionen". Dabei spielt wiederum der Begriff der "antizipierten oder gefürchteten Deklassierung" [93] eine wesentliche Rolle. Denn diejenigen, die etwas besitzen und glauben, dieses Eigentum verli e-ren zu können, wenden sich an solche, die ihnen garantieren, ihnen den Besitz zu bewahren.

Dieses allerdings nur dann, wenn die Eigentümer bereit sind, die vorha n-denen Institutionen bedingungslos anzuerkennen.

---

[89]ebd.
[90]ebd., S. 40 f.
[91] Wilhelm Reich, Massenpsychologie des Faschismus - Zur Sexualökonomie der politischen Reaktion und zur proletarischen Sexualpolitik, Amsterdam, Nachdruck 1980, S.58
[92] Gustave LeBon, Psychologie der Massen, 15. Auflage, 1982, S.116; dieses Buch erschien 1895 in Frankreich und wurde 1911 in Deutschland erstmals veröffentlicht.
[93]ebd., S. 43f.

3.2.4. Mystizismus und Irrationalität

Zu den wichtigsten Methoden innerhalb eines faschistischen Systems gehört die Kollektivierung von Gefühlen zu einem sogenannten 'gesunden Volksempfi   n-den'. Hierdurch wird die Propaganda in ihrer manipulierenden Art erleichtert. Eine Rationalität wird dabei als zweckrational definiert, das 'Mittel-Zweck-Verhältnis' kehrt sich in das Gegenteil um. Dadurch ist es für den einzelnen nur noch schwer möglich, die Propaganda rationell zu überprüfen. So wird es den Herrschenden ermöglicht, einen Willkürcharakter zu begründen.[94].

Reich bezeichnet wesentliche Merkmale der faschistischen Ideologie als wenig rational, sondern vielmehr emotional gesteuert. So ist seiner Auffassung nach diese Ideologie "durch metaphysisches Denken, Gottgläubigkeit, B   e-herrschtheit von abstrakten, ethischen Idealen und Glauben an die göttliche B e-stimmung des `Führers'"[95] sowie einem Mystizismus gekennzeichnet, welcher durch Bilder und Symbole vermittelt ist.

Diesebezüglich hat Gustave LeBon bemerkt, daß die Besonderheit he   r-vorgehoben werden muß, daß die propagandistisch beeinflußten Massen nur in Bildern denken und durch ebensolche auch nur beeinflussbar sind.[96]

3.2.5. Projektion auf Sündenböcke

Zur Triebentladung und zum Ausgleich der drei Instanzen der Psychoanalyse findet die Projektion eigenen Verhaltens auf Sündenböcke dauerhaft statt. Diese soll sie hier gesondert aufgeführt werden, um eine Überleitung zu Aussagen e i-ner Untersuchung von Richter darzustellen.

Dieses Prinzip dient dazu, die Massen wirksam gegen unerwünschte Pe r-sonen und Institutionen einzusetzen. Die hieraus entstehende Konzentration auf propagierte Feindbilder bewirke, "daß das In-Bewegung-Setzen von Massen, verbunden mit der Erlaubnis zur emotionalen Katharsis, soziale Probleme zwar nicht löst, sie aber zeitweise überdeckt."[97]

So sollen also Mißverhältnisse innerhalb der eigenen Politik durch das g e-zielte Aufzeigen von 'Sündenböcken' verborgen werden.

Gewalt gegen Sündenböcke äußert sich bspw. in der die Studie des BMFJ: das Motiv der Frustration und Orientierungslosigkeit ist durch von Problemen erzeugten Aggressionen hervorgerufen.. Der Jugendliche versucht, seine Pr   o-bleme dadurch zu verdrängen, daß er die Schuld für seine Probleme auf 'Sü   n-

---

[8] vgl. hierzu auch ebd., S. 45-49
[95] Reich, S.122
[96] vgl. LeBon, S.44
[97]ebd., S. 52

denböcke' überträgt, die ihm oft von außen vermittelt werden. So dient dieses Projizieren der Schuld auf andere zur eigenen psychischen Entlastung des T ä-ters.

Gewalt ist in diesem Zusammenhang also als Entlastung beziehungsweise Kompensation von erlebten - und vermeintlich Handlungsunfähig gegnüberst e-henden - Erfahrungen zu verstehen, und nicht unbedingt als Ausdruck einer f e-sten ideologische Einstellung.

Gleiches gilt auch für das Motiv der Ausländer- und Fremdenfeindlic h-keit.

Handlungsmotivation ist eine emotional bedingte Ablehnung Fremder, die durch konkrete negative Erfahrungen und Erlebnissen entstanden ist.

Derart motivierten Straftaten resultieren häufig aus einer Art Konkurren z-angst und dem Gefühl, vom Staat benachteiligt zu sein. Der Jugendliche übe r-nimmt hierbei oft Vorurteile der Erwachsenen aus seinem Umfeld; "das eigene Versagen, etwa das vergebliche Bemühen um einen Arbeitsplatz oder längerfr i-stige Arbeitslosigkeit"[98] wird dabei ebenfalls auf 'Sündenböke' projiziert.

Die Sexualität wird ebenfalls häufigst als Projektionsfläche gegen Spü n-denböcke verwendet.

Der Psychoanalytiker Horst-Eberhard-Richter fand bei einer Unters u-chung über psychosoziale Aspekte über das Thema AIDS heraus, daß diesb e-züglich latente Fremdenfeindlichkeit vorlag.

Angst und Vorurteile gegenüber AIDS-Risikogruppen führen - so Richter und sein Forschungsteam - zu Straftaten gegen Ausländer. Angst wird besonders auf den Personenkreis der Asylbewerber bezogen, weil sich an diesem Kreis "das Sündenbock-Image am einleuchtendsten aufbauen läßt".[99]

Angst, Antipathie und Mißtrauen gegen diesen Personenkreis wurde d a-hingehend hinterfragt, welche psychologischen Persönlichkeitsmerkmale die Befragten besaßen: hierbei wurde ein Zusammenhang zwischen niedrigem Selbstwertgefühl, Kontaktunsicherheit, geringerem Bildungsniveaus und sex u-eller Befangenheit deutlich.

Ähnlich wie bei Wilhelm Reich schon bzgl. der gesellschaftlichen Funkt i-on der Sexualmoral beschrieben, spiegelt sich hier ein Sexualneid wieder, dem bestimmte Vorurteile gegenüber Ausländern und Asylbewerbern anhängen. Diejenigen, die mit ihrer eigenen Sexualität nicht umgehen können, schreiben

---

[98]BMFJ, S. 96

[13] Horst-Eberhard Richter, Umgang mit Angst, Hamburg, 1992, S.226 - vgl. gerade hierzu die Abhandlung über die Kommunikationspsychologie und den "JF-Artikel" über AIDS in Tha i-land. Richter trug dazu bei, daß der ehemalige Neonazi Hasselbach aus der Szene aussteigen konnte und gab ihm Unterstützung hierzu. (vgl. Hasselbach, 1996, u.a. S.7, S.21)

Ausländern eine hohe Potenz und viele Kinder zu. Wer sich selbst innerhalb der
Untersuchung als kontaktfreudig, fürsorglich und mit einem hohen Selbstwer t-
gefühl versehen beschreibt, dem fehle die Fremdenantipathie fast vollständig [100].

3.2.6. Vereinheitlichung der Volksgemeinschaft

Durch die Vereinheitlichung der gesamten Volksgemeinschaft soll eine Ve r-
nichtung dieses Feindbildes erreicht werden, um so das "Versprechen ewiger
(tausendjähriger) Herrenmenschenhegemonie" [101] einzulösen. Um die Volksg e-
meinschaft dabei aufrechtzuerhalten, muß das Individuum seine Entscheidung s-
freiheit opfern. Jegliches Beibehalten der eigenen Identität und Entscheidung s-
freiheit wird aus psychoanalytischer Sicht als Entfremdung, Vereinzelung, A b-
fall, Flucht, Verurteilung erlebt, da es "der primären Mutter-Kind-Einheit" [102]
widerspricht. Die 'Vereinheitlichung' der Gruppe - und damit auch des Feindbi l-
des - bedingt unter anderem, daß jede Auseinandersetzung mit dem Feindbild
einem Entscheidungskampf gleichkommt; denn innerhalb des hermetisch abg e-
riegelten Weltbildes ruft gerade das propagierte Feindbild den Untergang he r-
vor. Das wiederum läßt den Einsatz auch radikalster 'Lösungsmechanismen' zu.
Fehlt jedoch ein Feindbild, so fehlt gleichzeitig im faschistischen Gedankens y-
stem etwas Essentielles. Deshalb wird dann zur Aufrechterhaltung von Zielvo r-
stellungen und, um einer Fugenlosigkeit und Scheinkonsistenz vorzubeugen,
oftmals ein 'Sammelsurium' als programmatisches Weltbild propagiert. [103]

Die 'Vereinheitlichung' des Volkes wird dadurch gerechtfertigt, daß die
Nation, das Volk, "als unveränderliche, übergeordnete, natürlich gewachsene,
organische Ganzheit" [104] propagiert wird. Diese 'Ganzheit' steht in der Rangfolge
über den Teilen der Gesellschaft, den Individuen. Deshalb wird alles, das sich
gegen den Willen der Volksgemeinschaft richten und sich somit auch gegen den
Willen des Führers ausdrücken könnte, als `Hochverrat an der Volksgemei n-
schaft` angesehen. In diesem Zusammenhang hat die Einheit die Funktion, die
Weltanschauung zu unterstützen, indem sie zum alleinigen Erfolgssystem u m-
funktionalisiert wird. Durch diesen propagierten Zusammenhalt hält dieses El e-
ment des Faschismus für den Einzelnen Erklärungsmuster bereit, die ihn selbst
sozial und psychologisch absichern.

Diesem absichernden und emotional besetzten Kriterium steht eine inte l-
lektuelle Kritik gegenüber. Diese aber wird in der faschistischen Ideologie als
sekundär angesehen. Dem steht darüber hinaus das Starke -das seinen Ausdruck

---

[100] vgl. Richter, 1982, S.230f. - vgl. die Ausarbeitungen bzgl. der Streßforschung
[101] ebd.
[102] ebd.
[103] vgl. hierzu ebd., S. 53-60
[104] ebd.

auch in auch Leidenschaft, Phantasie und Mythos wiederfinden kann- in seiner Erhabenheit gegenüber.

Reich vermutet hinter der organischen Gesamtheit des Volkes ein Schut z-bedürfnis jedes einzelnen.

Zum damaligen Zeitpunkt hätte Adolf Hitler wie ein "schützende(r) und repräsentative (r) Vater" [105] vor dem deutschen Volk gestanden - die Auspr ä-gung der Identifikation ist umso höher, je unbeholfener das Individuum inne r-halb der Masse selbst ist.

3.2.7. Triebverschiebung mittels Gewalt

Um die vereinheitlichten Massen zur Durchführung der politischen Ideen zu bewegen, von denen eine diejenige ist, das suggerierte Feindbild ausfindig zu machen und zu vernichten, wird innerhalb des Propagandaapparates die Gewalt als das geeignetste 'Lösungswerkzeug' verherrlicht. Diese Kategorie beschreibt Hacker als "Gewalt und der Terror von oben" [106]. Dabei wird im Alltag und in Krisensituationen eine straff organisierte, hierarchisch abgestufte und rigoros durchgesetzte Herrschaftsstrategie aufgebaut und durchgeführt. Als alleiniges Modell der zwischenmenschlichen Beziehungen wird dieses Prinzip bis in den letzten verbliebenen Teil der Privatsphäre getragen. Hierbei wird die selbst e r-lebte Gewalt dadurch 'kompensiert', indem sie selbst ausgelebt wird, deren Rechtfertigung "naiv, ohne Schuldgefühle und Reue, aber auch ohne wirksame Kontrolle angewendet werden"[107]kann.

Hierbei kann eine Verbindung zu den Sündenböcken und der Sexualität gezogen werden - das kompensieren der Gewalt ist somit als Ausdruck nicht ausgelebter sexueller Triebe zu deuten. Diese haben sich durch eine Triebve r-schiebung in die Instanz des "Über-Ich" verschoben. Gewaltkompensation und Triebentladung gilt demnach bei Rita Marx als Kennzeichen der "Über-Ich-Entlastung"[108] - hier bezogen auf jugendliche Rechtsextremisten im Jahr 1993.

Reich argumentiert ähnlich und äußert, daß eine gesellschaftliche Funkt i-on der Triebunterdrückung ein Individuum darin zu sehen ist, daß politische Machthaber sich die hieraus gesuchte Ersatzbefriedigung zu nutze machen.

Er führt an, daß es "ein wesentliches Stück der massenpsychologischen

---

[105] Reich, 1980, S.98

[106]ebd., S. 68

[107] ebd., S. 70

[108] Rita Marx, Rechtsradikale Jugendgewalt - Psychoanalytische Frageperspektiven, in: O t-to/Merten (Hrsg.), Rechtsradikale Gewalt im vereinigten Deutschland, Schriftenreihe der BzfpB, Bonn, 1993, S.173 - vgl. auch BMFJ-Studie

Grundlage" sei, daß sich "zum Beispiel (...) die natürliche Aggression zum br u-
talen Sadismus (steigere)"[109].

Auf Grundlage dieser Äußerung ist der Sadismus und Barbarismus inne r-
halb der faschistischen Systeme erklärbar.

3.3. Die Gruppenpsychologie

3.3.1. Definition des Begriffes "Gruppe"

Kennzeichnend für eine Gruppe aus psychologischer Sicht sind nach Manfred
Sader[110] folgende Merkmale der Mitglieder:

- sie erleben und definieren sich als zusammengehörig;

- Ziele, Normen und Verhaltensvorschriften sind untereinander geteilt;

- es findet mehr Interaktion untereinander als nach außen hin erkennbar
  statt;

- es vollzieht sich eine Identifikation mit einer gemeinsamen Bezugspe r-
  son, einem Sachverhalt oder einer Aufgabe.

Weiterhin maßgebend ist der Kontakt der Mitglieder untereinander und hieran
angeknüpft die zahlenmäßige Überschaubarkeit der Gruppe.

3.3.2. Gruppenstruktur /-ziele und die Motivation des Einzelnen

Zum einen liegt die Motiavation einer Gruppe beizutreten nicht unbedingt in den
gruppenspezifisch definierten Zielen, sondern oft ist sie darin begründet, daß
bereits Freunde Mitglieder sind.

Sader formuliert, daß das "allgemeine Bedürfnis nach sozialer Identität
und positiver Selbstaufwertung (...) sicher häufig zur Aufnahme und zur Beib e-
haltung von Gruppenzugehörigkeiten."[111] führt.

Anders als in frei gesuchten Gruppen besteht in solchen mit einer
Zwangsmitgliedschaft (Schulklasse, Hochschule), in denen häufig eine geringe
Identifikation der Mitglieder untereinander zu finden ist und ein Ziel von außen
vorgegeben ist, die Intention, mittels didaktischer Fähigkeiten hierbei erst ei n-
mal Ziele zu verabreden (vgl. auch Kapitel 7 dieser Arbeit).

---

[109] Reich, 1980, S.53
[110] Manfred Sader, Psychologie der Gruppe, Weinheim, München, 4.Auflage, 1994, vgl. S.39
[111] ebd.

3.3.3. Gruppennormen

Ein Kriterium der Betrachtung von Normen ist, daß diese nur in wenigen Fällen explizit formuliert sind und oft erst benannt werden, wenn sie überschritten wurden.

Des weiteren ist kennzeichnend, daß ein Geschehen innerhalb der Gruppe nicht durch eine Norm geregelt wird, sondern durch eine Vielzahl von Normen geregelt ist. Diese können auch miteinander nicht vereinbar erscheinen und unterschiedliche Bedeutung für den Einzelnen und die Gruppe haben. Hinzu kommt, daß diese unstabil und veränderbar sind [112]. Diese Normen können sowohl abstrakten Charakter besitzen als auch "die Norm der distributiven Gerechtigkeit, die in der Gruppe gewahrt werden soll"[113] beinhalten.

Normen werden nicht von unterschiedlichen Personen übernommen, sondern von Bezugspersonen und -gruppen, "die wir in Grenzen selbst wählen können oder die durch Familie, Beruf oder Freizeit für uns besonders relevant sind."[114]

Somit wird auch verständlich, weshalb innerhalb extremistischer Gruppierungen die Geltung in der selbstgewählten Gruppe Motivation genug ist für fremdenfeindliche oder gewalttätige Straftaten.

Diese Motivation geht von der Schutz- und Stabilisierungsfunktion der Gleichaltrigengruppe für Jugendliche aus, entspricht also dem gängigen Verständnis der Sozialisationsinstanz der Gleciahltrigengruppe (Peer-group) für den Jugendlichen.

Der Jugendliche will innerhalb der Gruppe akzeptiert werden und hat Angst davor, ein Außenseiter zu werden. Dadurch bildet sich die zentrale Handlungsmotivation, indem der Jugendliche gruppeninterne Normen erfüllt.

Aufgrund der Angst, bei Nichterfüllung dieser Gruppennormen zum Außenseiter zu werden, schließt sich dieser Jugendliche der Gruppentat an. Durch den stark empfundenen Gruppenzwang wird die Risiko- und Gewaltbereitschaft des Jugendlichen erhöht, auch wenn dieser - zumeist Mitläufer - selten im Vordergrund in Erscheinung tritt[115].

---

[112] Hier besteht m.E. eine Möglichkeit der Jugendarbeit pädagogisch zu intervenieren.

[113] Sader, 1994, S.199

[114] Bundesministerium für Frauen und Jugend (Hrsg.), Willems u.a., Analyse fremdenfeindlicher Straftaten, Bonn, 1993 S.93

[115] vgl. Sader, S. 102 – ein in den USA geschaffenes Konzept verwendet gerade diesen Aspekt in positiver Art und Weise; Jugendliche Straftäter hätten sich den Normen angepaßt die in ihrer (hier: schlechten) Gesellschaft gängig gewesen sein. Der Universitätsprofessor Ferrainola definiert somit den Begriff der Gruppe positiv und garantiert als Anreiz innerhalb seines Systems durch die Befolgung dieser Normen einen gruppeninternen Aufstieg. Somit er-

3.3.4. Der Führer - Typ

Bezogen auf das verführerische des Rechtsextremismus liegt nun die Vermutung nahe, daß sich ein Jugendlicher eine Bezugsperson sucht, die ihm das Gefühl der eigenen Desorientierung nimmt und somit Charaktereigenschaften eines Führers besitzt.

Sader charakteristiert diesen Führer u.a. mit der Eigenschaft, er sei "derjenige, der die Entscheidungen der Gruppe ausführt" und somit auch der"Plänemacher"[116] sei. Bei Mißlingen dieser Pläne allerdings ist er dann auch der Sündenbock, was allerdings bei streng hierachisch geführten und gewaltb e- reiten Gruppen selten sein wird; Kritik an einer sich einmal als Führer behau p- ten Person ist schier unmöglich, außer es wurde 'Verrat' an grundlegenden Zielen und geplanten Aktionen oder gegenüber Kameraden begangen.

Bestimmend bzgl. der Politik der Gruppe ist er auch der Vetreter der Gruppe nach außen. Nach innen hat er die Aufgabe zu erfüllen, Lohn und Strafe zuzuteilen und besitzt somit den Charakter einer Vaterfigur, eines Schiedsric h- ters oder eines Vermittlers.

3.3.5. Die Geführten

Bei der Betrachtung der Masse der Geführten innerhalb einer Gruppe stellt sich die Frage nach der Bereitschaft derselben, sich führen zu lassen.

Der im Dritten Reich gültige Satz "Du bist nichts, Dein Volk ist alles" entspricht prinzipiell der von Sader dargestellten Zentrierung der, sich selbst mit äußerster Wichtigkeit als Einheit betrachtende, Masse auf eine Leitfigur.[117]

Innerhalb dieser Masse ist eine Handlung - wie bereits aus der Psych o- analyse bekannt - weniger rational, sondern eher emotional.

Da die Massen konservativ seien - Veränderungen könnten ja auch zum

---

ziehen sich die Jugendlichen innerhalb der gesetzten Gruppennormen gegenseitig. (vgl. Spi e- gel 12/1999 vom 22.03.1999, hier S.120)
Gerade durch diesen Aspekt aber wird es unwahrscheinlich werden, daß das Konzept in der Bundesrepublik jemals Fuß fassen wird. Durch die Selbsterziehung besteht die Wahrschei n- lichkeit, daß hiesige Pädagogen zunächst an die Pädagogik Baldur von Schirachs denken we r- den und ohne Prüfung des sachlichen Gehaltes das Konzept nicht hoch kommen lassen we r- den. Dabei sollte zur Vermeidung von Hierachien überlegt werden, ob die Selbstführung, welche als unbürokratisch zu verstehen ist, gleichzeitig mit beinhaltet, daß "(...) Jugendfü h- rung (bedeutet) gegen sich selbst härter sein, als gegen die Gefolgschaft." (Baldur von Sch i- rach: Die Hitlerjugend - Idee und Gestalt, Berlin 1934, S.64f.).
[116]Sader, S.264
[117]Sader, S.281

einen den Führer, bzw. auch die eigene Person, welche ja dann aus der Masse herausfallen würde - knüpfen die Ideen und Leitmotive "an gute und natürliche frühere Zeiten und Zustände an".[118]

Hierbei ist es notwendig, daß diese Ideen und Leitmotive "nicht nur einfach sein, sondern auch allegorisch, lebhaft und bildhaft dargeboten werden"[119] müssen. Gegenpositionen werden in verschiedener Art undiskutabel gemacht - sie gefährden wie bereits oben erwähnt die vielbeschworene Einheit.

Notwendig für die Einwirkung auf die Massen sind zudem zwei wichtige Mechanismen: jener, der ständigen Wiederholung der Botschaft und der der 'großartigen Inszenierung'.

Durch eine hieraus entstehende Dynamik gelingt es dann, das Kollektiv dazu zu bewegen, gemeinsame Aggressionen auszubauen und diese auch gemeinsam zu entladen.

Hierbei allerdings darf nicht zurückgeschloßen werden, daß Kollektivaggressionen die Summe der Individualaggressionen sei; vielmehr ist diese Handlung durch Prinzipien der Belohnung, Bestrafung und vor allem durch die Möglichkeit der Anonymisierung des Einzelnen in der Gruppe symbolisiert.[120]

Hierzu hat LeBon formuliert was sich bei jeder gewalttätigen Ausschreitung bewahrheitet:

"Allein durch die Tatsache, Glied einer Masse zu sein, steigt der Mensch also mehrere Stufen von der Leiter hinab. Als einzelner war er vielleicht ein gebildetes Individuum, in der Masse ist er ein Triebwesen, also ein Barbar."[121]

3.4. Streßforschung

3.4.1. Einleitung

Politische Einstellungen werden nicht über Urteile bzgl. des Funktionierens der Parteienpolitik oder der Demokratie festgemacht, sondern bilden sich durch die Wahrnehmung sozialer Probleme und gerade bzgl. rechter Einstellungen durch die soziale Befindlichkeit, welche sich aus den Indizien Selbstwirksamkeit, sozialer Vergleich und Egonzentrismus zusammensetzt.[122]

Rechtsextreme Einstellungen Jugendlicher entwickeln sich daher, daß sie

---

[118] ebd., S.282

[119] ebd.

[120] vgl. Nolting, 1997, S.167f.

[121] LeBon, 1982, S.17

[122] Hans Merkens, Lebensstile Berliner Jugendlicher 1997, FU-Berlin/ZEB (Hrsg.), Berlin, 1998, S.136

sich erst durch die psychosoziale Befindlichkeit entstehen und somit ersichtlich wird, daß diese Jugendlichen eine problematische Entwicklung der Persönlic h-keit erlebt haben.[123]

Diese Ansätze könnten verstärkt in der Entwicklungspsychologie verfolgt werden - vielmehr interessiert aber an dieser Stelle, inwieweit die jetzige akt u-elle Situation Einfluß auf das Be- und Empfinden der Person hat.

Zu diesen Empfindungen zählt erlebter Streß und Angst. Diese beiden Emotionen sind Kern der folgenden Ausarbeitungen.

3.4.2. Definition - Streß

Streß ist die Auseinandersetzung der Person mit der Umwelt aus der Perspektive des Betroffenen.

Hierbei spielen die eigenen Fertigkeiten und Fähigkeiten die zentrale Rolle; diese können hierbei in Frage gestellt werden.

Anforderungen können von der Umwelt oder von einem selbst gestellt sein; nicht nur einzelne Personen, auch soziale Gebilde können unter Streß st e-hen.

Innerhalb dieses Prozesses verändern sich Person und Umwelt gegenseitig (Transaktion).

Im Zusammenhang mit der Frage, inwieweit Angst und Streß zur Xen o-phobie und extremistischen Verhalten führen können, wird an dieser Stelle ein streßreiches Ereignis als Schaden und somit als Selbstwertbedrohung definiert; weniger angebracht ist hier die Definition, nach der Streß als Herausforderung verstanden werden sollte.[124]

Psychologischer Streß beruht auf der Einschätzung der Person, somit wird die kognitive Einschätzung zum Kernstück des Streß.

3.4.3. Selbstaufmerksamkeit

Selbstaufmerksamkeit bedeutet, daß das Individuum vermehrt der Tendenz nachgeht, auf sich selbst zu achten.

Hierbei spielt das Selbstwertgefühl dahingehend eine zentrale Rolle, als daß die Beurteilung der eigenen Person durch sozialen oder temporalen Ve r-gleich geschieht.

Die Ursache einer hohen Selbstaufmerksamkeit ist häufig ein niedriges

---

[123] ebd., S.138
[124] vgl. Ralf Schwarzer, Angst, Streß und Handlungsregulation, Stuttgart, 3.Auflage, 1993, S.12

Selbstwertgefühl, d.h., daß alles auf bestimmte Inhaltsaspekte der eigenen Pe r-son bezogen wird, welche gerade das geringe Selbstwertgefühl ausmachen. J e-der Streß wird daher auf die eigene Person projiziert.

Private Körperempfindung wie Ärger, Erschöpfung, Angst, Depression, Körpertemperatur und Selbstreflexion kennzeichnen die private Selbstaufmer k-samkeit, deren positive Wirkung es ist, daß sie widerstandsfähig gegenüber ä u-ßeren Einflüssen macht.[125]

Allerdings ist damit auch eine Intensivierung der Affekte vorprogra m-miert.

Somit kann bei einer Ärger auslösenden Situation durch die private Selbstaufmerksamkeit der Ärger gesteigert, und dadurch aggressives Verhalten ausgelöst wird.

Hierdurch wird deutlich, daß rechtsextreme Personen mit ihrer Ablehnung allen Fremden gegenüber sich als `Träger` einer hohen privaten Selbstaufmer k-samkeit als Persönlichkeitsmerkmal ausweisen, was u.a. durch die Überhöhung der eigenen Nation und des Stellenwertes des "ius sanguinis" deutlich wird.

3.4.4. Streß als Mitverursacher für Xenophobie[126]

Streß entsteht durch ein Mißverhältnis von Problem und Problemlösungsstrat e-gie.

Somit kann Streß auf mehreren Ebenen entstehen - sowohl Furcht vor Versagen als auch Furcht vor dem Verlust des Statuses (vgl. Kapitel 3.2.4.).

Fritzsche vermutet, daß vielleicht "der Streß für den scheinbar Arrivierten und Integrierten viel größer ist als für den Desintegrierten, da jener seinen m o-mentanen Erfolg noch als prekär und prinzipiell bedroht ansieht."[127]

Ebenso wie die Xenophobie Ausdruck einer persönlichkeitsbedingten U n-sicherheit oder aber einer situationabhängig verunsicherten Identität sein kann, kann der Streß bzgl. Migranten, Fremden dahingehend transformiert werden, daß sie lediglich als das aktuelle Bedrohungs- und Streßgefühl gedeutet werden, vielmehr ist dahinter aber ein versteckter Streß, welcher aus allgemeiner Veru n-sicherung resultiert, zu sehen.

Eine wichtige Rolle hierbei nehmen die Vorurteile ein, da sie "mit ihren Orientierungs- und Entlastungsfunktionen der kognitiven Vereinfachung, der Fremden-Abwertung und Selbstaufwertung, der sozialen Ausgrenzung und der

---

[125] ebd., S.71

[126] K.P.Fritzsche, Bürger im Streß - eine Erklärung der Xenophobie, in: Verantwortung in einer unübersichtlichen Welt, Hrsg.: BzfpB, Bonn, 1995, S.171ff.

[127] ebd., S.174

Angst-Regulierung"[128] das Repertoire der Streß-Situation darstellen.

Streß als Erklärung zur Xenophobie kann auchdahingehend analysiert werden, daß ein Individuum in der Gesellschaft, "in der immer mehr der indiv i-duell zurechenbare Erfolg im Vordergrund steht und traditionelle Werte wie s o-ziale Einbindungen (...) an Bedeutung verlieren" das Scheitern ebenfalls - in Anlehnung an soziologische Erklärungsmuster - individualisiert wird und somit psychisch bedrohlicher erscheint.[129]

3.4.5. Gesellschaftliche Belastung, individuelle Verarbeitungsstrategien und X e-nophobie - Forderungen der Streßforschung[130]

Bewältigungsformen (coping) sind problemorientierte Bewältigungsformen, welche eine Lösung des Problems als Ziel des Verhaltens anstrebt oder emotio-nsorientierte Bewältigungsformen, welche eine Linderung der Belastungssy m-ptome als Ziel besitzt.

Zu den Mitteln gegen Streß zählt sozialer Rückhalt - bspw. in peer-groups- [131], welcher durch die soziale Integration, erwartete Unterstützung und die tatsächlich erhaltene Unterstützung gekennzeichnet ist.

Bzgl. der von Perspektivlosigkeit betroffenen Jugendlichen kann konst a-tiert werden, daß "'Soziale Unterstützung' (...) auf bessere Weise manchmal d a-durch erfolgen (kann), daß man jemanden trifft, der noch unglücklicher ist."[132]

Somit kann bzgl. oben genannter Xenophobie resumiert werden, daß Fremdenfeindlichkeit durch im vornherein stigmatisierte Menschen als sozialer Vergleich und zugleich als soziale Unterstützung zu betrachten ist.

Neben der Förderung eines stabilen Selbstwertgefühls sollte durch die Einübung in praktische Toleranz Fremdes zugelassen werden können. Hierauf wird im Kapitel der pädagogischen Maßnahmen und der antifaschistischen E r-ziehung näher drauf eingegangen werden.

Hinzu kommt die Forderung der Bildung einer moralischen Urteilsfähi g-keit anstelle blosser Wertevermittlung.

Innerhalb der existierenden Gesellschaft soll vermittelt werden, daß die Differenz der Kulturen, verschiedene Abstammungen, und sofern andere nicht

---

[128] ebd.
[129] Detlef Oesterreich, Krise und autoritäre Reaktion, in: Verantwortung in einer unübersich t-liochen Welt, Hrsg.: BzfpB, Bonn, 1995, S.189f.
[130] u.a. in Anlehnung an Fritzsche, a.a.O., S.180
[131] vgl. Schwarzer, 1993, S.51ff.
[132] ebd., S.63

einschränkend, auch die politischen und religiösen Ziele als Normalität inne r-
halb des ethnischen und kulturellen Pluralismus anzuerkennen ist.

Dieser Aspekt wird überwiegend in der Darstellung bzgl. der
"Sozialistischen Jugend Deutschlands" geschehen.

Desweiteren sollte es zu den Aufgaben der politischen Bildung gehören,
sich des Phänomens Streß anzunehmen und zu einer Erhöhung der Frustration s-
resistenz beizutragen, "damit nicht jede aktuelle politische Enttäuschung gleich
dem politischen System insgesamt angelastet wird[133].

Als einen "Schlüssel zur Bekämpfung rechtsextremistischer Orientieru n-
gen"[134] bezeichnet Heitmeyer die Reduzierung von Angst. Heitmeyer zählt zwar
zu den Soziologen, verdeutlicht aber die Zusammenhänge zwischen den Wi s-
senschaftsdisziplinen der Psychologie und Soziologie.

Unsicherheiten bzgl. Bewältigung von Lebenssituationen erzeugen Angst,
demzufolge bestehen zwei Möglichkeiten. Zum einen können diejenigen, die
ihre eigene Angst damit verdrängen und bekämpfen, daß sie sich anderen g e-
genüber erhöhen wollen, wiederrum dadurch bekämpft werden, indem man i h-
nen nun erhöhte Angst zufügt.

Solche Methoden geschehen in gegenseitiger spiralförmiger Eskalation
mit Autonomen-Gruppen [135] und -Organisationen, die dadurch allerdings ebe n-
falls ihre eigene Angst bekämpfen.

Zum anderen kann man den längeren Weg gehen und Angst dadurch ve r-
suchen zu nehmen, daß Vertrauen geschaffen wird.

Hierbei wird besonders während der Darstellung der sog. mobilen und a k-
zeptierenden Jugendarbeit (u.a. nach Krafeldt) eingegangen werden.

---

[133] H.-J. Beerfeltz, Könnte die Demokratie zur Beute einer pauschalen Parteienkritik werden?
in: Verantwortung in einer unübersichtlichen Welt, S.152
[134] W.Heitmeyer, Warum handeln Menschen gegen ihre eigenen Interessen - Analyse und
Didaktikkonzept für die Jugendbildungsarbeit, Köln, 1991, S.33f.
[135] vgl. als Beispiel in Interim-Szenenblatt aus Berlin, Nr. 244 vom 10.06.1993, S.5-7: "ein
folgenschwerer Fehler , der die Bestimmung und das Ziel unseres Eingreifens auf den Kopf
stellte" war derjenige, daß anstelle des Gegners indessen Wohnung seine Mutter, deren
50jähriger Freund und die 16 und 10jährige Schwester befanden. Trotzdem wurde
"antifaschistisch" vorgegangen. Bedauernd wird geäußert, daß das Auftreten auch bei dem
Mädchen Auswirkungen hinterlassen haben könnte, welche noch längere Zeit nachklingen
könnten. "Trotz unseres Fehlers", so fast schon zynischer Kommentar der AutorInnen,
"begründen wir unsere Aktion politisch.".
Mir liegen keine Szenenblätter der rechten Szene vor - die Ankündigung einer Eskalation
bzgl. oben genannten "Fehlers" wäre sicherlich dort zu finden gewesen.

3.5. Kommunikationspsychologie

3.5.1. Einführung

Elemente aus der Psychoanalyse und der Streßforschung finden sich - wie im folgenden aufgezeigt werden wird - in der Kommunikationspsychologie wieder.

Die Auseinandersetzung mit dem politischen Gegner, dem zum Feind e r-klärten Gruppenangehörigen finden häufig über Szenen-Zeitungen, Pa r-teischriften oder -programme statt.

Im Anschluß an die Ausarbeitung werden einige Auszüge- wegen des Schwerpunktes dieser Arbeit nur - aus rechten und rechtsextremen Publikati o-nen wieder gegeben.

3.5.2. Abwertung des Kommunikationspartners

Schulz von Thun analysiert die Kommunikation von Gesprächspartnern und unterteilt diese in verschieden Stile.

An dieser Stelle soll auf den "aggressiv-entwertenden Stil" eingegangen werden und dieser wird - nach einer Erklärung und Darstellung - durch Beispiele verdeutlicht werden.

Grundpose des aggressiv-entwertenden Stils ist die Beschuldigung "Du bist Schuld" und die Herabsetzung "Du bist das Letzte".

Die Abwertung des Kommunikationspartners ist nicht alleiniges Kennze i-chen rechtsextremistischer Auffassungen. So stellt Schulz von Thun fest, daß es für ihn und Teile seiner Generation ernüchternd gewesen sei, daß Teile der a l-ternativen Bewegung neue Kommunikationsstile entwickeln wollten, gleichze i-tig sich diese Bewegung allerdings bezogen "auf interne Gehässigkeit und Selbstzerfleichung übertroffen"[136] habe.

3.5.3. Definition des aggressiv-entwertenden Stils

Besonderes Merkmal dieses Stiles ist, daß der Kommunikationspartner sich mittels eines autoritären Charakters "für die erlittene Kränkung des eigenen Selbstwertgefühles durch Erniedrigung der unter ihm Stehenden"[137] auszeichnet.

Ein den anderen anklagender Stil besitzt die Grundüberzeugung, den a n-deren als minderwertig darzustellen, den es - nicht nur im Berufsleben - zu ko n-trollieren gilt, da davon ausgegangen wird, daß der Gesprächspartner ansonsten

---

[136] Friedemann Schulz von Thun, Miteinander reden 2 - Stile, Werte und Persönlichkeitsen t-wicklung, Reinbeck, 1996, S.125
[137] ebd., S.115

die Kontrolle sofort an sich nehmen würde. Interessant wäre hierbei die Frage, ob bspw. das Themas `Mobbing am Arbeitsplatz` nicht genauso in dem Th e-menfeld des Rechtsextremismus dahingehend Platz finden kann, als daß Mo b-bing gegenüber ausländischen Kollegen allzu schnell als ausländerfeindliches Verhalten bezeichnet wird, obwohl es sich tatsächlich um ein von der jeweiligen Nationalität des anderen unabhängiges Problemfeld handelt.

In jedem Gegenüber wird ein Widersacher vermutet; jedoch kann sich diese Vermutung - kanalisiert durch politische Propaganda - auch auf ganze B e-völkerungsgruppen beziehen.

Die ständige Anklage- und Abwertungshaltung gegenüber anderen G e-sprächspartnern läßt Rückschlüsse darauf zurück führen, daß die Person über eine schwache Identität verfügt und sich durch den hierdurch ausgelösten Streß verletzt fühlt und somit aus `prophylaktischen Gründen` aggressiv den anderen sprachlich entwertet.

Da negative Gefühle, welche mit Begriffen wie Schwäche und Unterwe r-fung verbunden werden, vermieden werden sollen, wird der Mechanismus der Projektion in das Zentrum des sprachlichen Geschehens gesetzt.

Durch diesen Mechanismus wird " es möglich (...), die abgelehnten Teile von sich selbst überdeutlich dort wahrzunehmen und zu bekämpfen, wo es selbstwert-schonend möglich ist: beim Gegenüber.".[138]

Hierbei hat sich der entwertende Gesprächspartner Techniken angeeignet, die es gestatten, aus jeder Aussage und Situation heraus die eigene - insgeheim selbst als minderwertig betrachtete - Identität so zu verschleiern, daß ständig die `diabolische` Gesprächsführung beibehalten werden kann.[139]

Im Sinne des `aggressiv-entwertenden` ist es hierbei am geschicktesten, wenn er seine Gesprächsführung mittels stetiger Fragestellung oder dem Sti l-mittel der Ironie untermauert.[140]

3.5.4. Politische Kommunikation

Veröffentlichungen in Partei(un-)abhängigen Zeitungen im Wahljahr 1998 so l-len nicht zur Demonstration des den Gegner entwertenden Stil verwendet we r-

---

[138] ebd., S.118
[139] vgl. ebd., S.120f.
[140] Interessant ist an dieser Stelle, daß in rechtskonservativen Zeitungen gerade dieses Mittel als Form der politischen Auseinandersetzung gewürdigt wird - so in einem Telefonat zw i-schen dem Verfasser und einer Angestellten der Berliner Zeitung "Junge Freiheit". Diese Form des politischen „Sich-Gehör-Verschaffen" erscheint immer wieder als geeignetes Mi t-tel, besondere Um- oder Mißstände auf zuzeigen.

den. Inhaltlich eher bescheiden und oftmals von parteilicher Polemik übersättigt, sind diese nur sehr beschränkt verwertbar.

Besonders die Verwendung des apodiktischen Diskussionsstils ("Jeder vernünftige Mensch wird einsehen, daß...") kennzeichnen solche sowohl dem o-kratische als auch extremistische Wahlkampfzeitungen.

Besonders erwähnenswert ist hierbei die "Verteufelung des Meinung   s-gegners": wenn die verdrängte Seite der eigenen Identität " im Standpunkt des anderen entdeckt, bietet sich die Gelegenheit, den inneren Kriegsschauplatz nach draußen zu verlagern, um dort in aggressiv-entwertender Art" [141] diesen zu bekämpfen.

3.5.4.1. Beispiele aus der extremistischen Presse

Deutlich werden abwertende Äußerungen gerade in Verbindung mit den hieraus ableitbaren Rückschlüssen auf Persönlichkeitsmerkmale der Autoren.

Wie bereits in der Psychoanalyse erkennbar, so wird es durch die Da   r-stellung anderer in der Presse deutlich. Die Sexualität gilt als ein zentraler Punkt in der Auseinandersetzung mit dem politischen Gegner/Feind.[142]

Anklagend und Schuldzuweisend bzgl. der Verbreitung von Aids in den westlichen Ländern wird der Rückschluß gezogen, daß sich diese Krankheit durch das Asyl gewähren von asiatischen (hier: thailändischen) Flüchtlingen verbreiten wird.

Hierzu schreibt die zum damaligen Zeitpunkt in Ansätzen als rechtse   x-trem zu bezeichnende "Junge Freiheit" [143]: "Die Ausbreitung der Krankheit

---

[141] Schulz von Thun, 1996, S.126

[142] Das beste Beispiel für die Sexualisierung eines Konfliktes wären Zitate aus der Zeitung "Nordische Zeitung", Nr.7, 6-8/98, Hrsg.: Jürgen Rieger (Anwalt aus dem rechtsextremen Lager), allerdings stellt sie ein solches Extrem dar, daß sie im Rahmen der Arbeit bzgl. der Gefahr jugendlicher Extremisten deshalb nicht verwertbar ist, da der Kontakt zu der Szene dieser Zeitungsgestalter bereits aufzeigt, daß die Chance der pädagogischen Möglichkeiten gravierend überschritten ist. So heißt es in der Zeitung u.a. unter Punkt 11: "Das Sittengesetz gebietet Einsatz für Wahrung, Einigung und Mehrung germanischer Art.". Unter Punkt 19 heißt es, daß dieses verbunden ist mit der "gleichgeartete (n) Gattenwahl" und somit "die G   e-währ für gleichgeartete Kinder" bedeute. Somit kann auch formuliert werden, daß die Ve   r-mehrung `deutscher Germanen` mit `undeutschen Arten` verwerflich sei. Die historische Ve   r-bindung ("Ich verdiene feste Hiebe, weil ich einen Juden liebe" als `Ausdruck der Denunzi   a-tion im 3.Reich) ist somit offensichtlich, schließt allerdings die in dieser Arbeit aufgeführten pädagogischen Möglichkeiten aus.
(Internet-Adresse: http://www.members.aol.com/NordZeit/dsitteng.htm)

[143] Junge Freiheit (JF), Potsdam vom 4.02.1994 – mittlerweile erscheint die Zeitung in Berlin

(Anm.M.K.:Aids in Thailand) in die Familien wird dadurch begünstigt, daß thailändische Männer gewohnheitsmäßig verschiedene Prostituierte aufzusuchen pflegen."

Mit dieser Äußerung ist ein Schuldiger der Krankheit ausgemacht - eine in diesem Sinne in Betracht zu ziehende Konsequenz läge hiermit auf der Hand.

Ebenfalls ab- und entwertend wird mit Homosexuellen umgegangen; i   h-nen wird zum einen eine `Normalität`aberkannt und somit eine `Unnormal    i-tät`zugeschrieben.

So schreibt der Landesverband der NPD-NRW [144]: "Es ist in unserer Zeit schick, "schwul" zu sein. Die Normalen unter uns befinden sich bald in einer Minderheit.(...) Selbst dem Ausländerklientel der GRÜNEN ist die Sache mit dem dritten Geschlecht nicht ganz geheuer."

Das betont wird, daß Ausländern die Homosexualität befremdlich sei ist weiteres Kennzeichen der Abwertung: "selbst" die in der Beliebtheitsskala von Nationaldemokraten weit unten plazierten Ausländern wirken bei soviel `sex    u-eller Andersartigkeit` verwundert.

Wenige Seiten später wird in der gleichen Zeitschrift ein politischer Ko   n-text erstellt, der zum einen nicht nur sexuelle Einstellungen diskreditiert, so   n-dern unsachliche - aber eine herbeigerufene Bedrohung darstellende - Zusa   m-menhänge erstellt.

Dementsprechend werden Parteimitglieder der SPD und den Grünen pa   u-schal als "Anhänger der RAF, Kommunisten, Atheisten, Perverse wie Schwule, Lesben und Ausländer" bezeichnet.

In einer noch extremeren Version wird eine ganze Gruppe von Menschen,

---

und wird vom Verfassungsschutz (besonders in NRW) dahingehend überwacht, als das die Zeitung zu einer Erosion "der Abgrenzung zwischen Demokraten und Extremisten" beitrüge (vgl. Bundesministerium des Innern, Verfassungsschutzbericht 1997, Bonn, Mai 1998, S.121). Neben Autoren und Interviewpartnern wie einigen Hochschulprofessoren, ehemaligen Widerständlern des 3.Reiches oder Autoren wie Martin Walser finden sich Verbindungen zu der Partei "Die Republikaner" oder rechten Soziologen wie Alain de Benoist aber auch ebe   n-so zu CDU-CSU-Unions-Politikern wie Gauweiler oder Repräsentanten von diversen Verbä   n-den, Schauspielern oder Literaten.
Allerdings ist ein Blick in die Geschichte einer anderen Tageszeitung auch nicht unintere   s-sant, denn die "taz" inserierte in der linksextremistisch-anarchistisch orientierten "radikal", Nr. 58 vom 6.04.1979 mittels einer Raubkatze und eines Kommunisternsternes für Abonne   n-ten. (vgl. Verlag Libertäre Assoziation u.a.: 20 Jahre radikal – Geschichte und Perspektiven autonomer Medien, Hamburg, Berlin, Münster, 1996, S.21). Mittlerweile hat sich diese Ze   i-tung etabliert und gibt sich deshalb weniger radikal.
[144] NPD-NRW (Hrsg.): Deutsche Zukunft (DZ), Bochum, August 1995

pauschal als Ausländer bezeichnet, als tendenziell gewaltverbrecherisch darg e-stellt.

Die im Februar 1995 verbotene "Freiheitliche Deutsche Arbeiterpartei" (FAP) formuliert diesbezüglich [145]: "Unsere Frauen und Mädchen sind auf den Straßen nicht mehr sicher, von Ausländern mit den Augen (und auch sonst?) ausgezogen zu werden."

Allerdings ist diese Problematik ursprünglich nicht als politisch, sondern eher geschlechtspezifisch zu betrachten; weniger die Angst vor dem politischen Feind als vielmehr die Angst vor dem weiteren Verlust an Attraktivität gege n-über dem anderen Geschlecht sind hierbei kennzeichnend.[146]

Auch die oben beschriebene Selbstaufmerksamkeit und das Gefühl in e i-ner "Flut" unterzugehen sind Kennzeichen extremistischer Äußerungen.

Um innerhalb der pluralistischen Gesellschaft mit ihren vielfältigen Mö g-lichkeiten der kulturellen Betätigung noch bemerkt zu werden, besteht nicht nur die Tendenz zu Sprüchen wie `Deutschland den Deutschen-Ausländer raus`, sondern auch "Wir wollen Bayern bleiben-Nein zur mulikulturellen Gesel l-schaft" und hieran anknüpfend "Bayerische Universitäten für bayerische Abit u-rienten"[147].

Aus Angst vor einer `Überfremdung` und dem damit beschworenen pe r-sönlichen Untergang - welcher häufig durch eine in bildlicher Sprache verstän d-lich gemachte lebensbedrohliche (Asylanten-) Flut dargestellt ist - wird die e i-gene Nationalität im Sinne gängiger Nationalismusdefinitionen hier sogar auf einen Freistaat-Nationalismus bezogen.

Versteckt aggressiv und zugleich die Schuld zuweisend bzgl. des als e x-trem bedrohlich erlebten Untergangs der nicht genauer definierten Kultur wird defensiv argumentiert, daß das wichtigste heute nicht sei, " den Wohlstand zu erhalten oder sich um Provinzen zu streiten, sondern es ist ganz einfach die Su b-stanzerhaltung. Die Erhaltung aller europäischer Völker ist durch die Einwand e-rung der Völker aus dem Süden aufs Äußerste bedroht."[148]

Die nicht mehr steigerungsfähige Bedrohung durch die "Einwanderung" kennzeichnet das o.g. Bild der hereinbrechenden Flut, die einer unvergleichb a-ren Masse ähnlich über die wenig stabilen Persönlichkeit herein bricht.

---

[145] FAP-Nachrichten - Kampfblatt der Freiheitlichen Deutschen Arbeiterpartei, Ausgabe 6, Oktober 1986

[146] vgl. auch als Zusatzhinweis: Ute Scheub, Gefährlich männlich, in: Spiegel-special, 7/1997, Hamburg, S.67,

[147] zit. aus dem Kurzprogramm der 'Bayernpartei', Bundesvorstand der Bayernpartei (Hrsg.), 1994, München.

[148] zit. aus: "Nation und Europa", Juli/Aug.1994, Coburg, S.31

Gleichzeitig wird jeder einzelne fremdaussehende als ein "Massenwesen" betrachtet und somit seine individuelle Identität negiert. Das allerdings ist nötig bzgl. der Ventilfunktion, die ein solcher Mensch indirekt erfüllt: würde er ind i-viduell betrachtet werden, müßten die über ihn verfassten Theorien falsifiziert werden.

Durch die Betrachtung der Ausländer als Masse ergibt sich die Möglic h-keit einer Konzeption, welche es gestattet, sämtliche relevanten Probleme der Politik (Familie, Sozialleistungen, Arbeitslosigkeit) in einen Kontext zu setzen und etiekttierend daraus zu schlußfolgern: "Ausländer verlieren ihr Aufenthalt s-recht, wenn sie länger als ein Jahr Sozialhilfe in Anspruchnehmen."[149]

Schuld für gestiegene Ausgaben im sozialpolitischen Bereich soll also auf die hier lebenden Ausländer projiziert werden - was wiederrum kennzeichnend ist für das psychoanalytische Sündenbocktheorem sowie die Grundpose des a g-gressiv-entwertenden Stils.

Von schwacher Identität, dem psychoanalytischem "Schutzsuchen" und die Entwertung anderer zwecks Aufwertung der eigenen Person ist auch in fo l-gender NPD-Aussage vorzufinden: "Der innere Friede wird durch den Masse n-zustrom von Ausländern gefährdet!"[150]

Hieraus kann der Kreislauf folgender Faktoren geschloßen werden:

Unbekanntes (hier: Ausländer) gefährdet das geringe Selbstkonzept, we l-ches die Gestaltung einer Gesellschaft mehrere Kulturen nicht als Herausford e-rung, sonder zunächst als Bedrohung erlebt.

Der "innere Friede" (symptomatisch für den innerpsychischen und kö r-perlichen Zustand) sieht sich gefährdet und verhält sich durch den auslösenden Streß in entsprechender Abwehrhaltung gegen die Bedrohung, bzw. fast schon als Schädigung zu bezeichnenden Auswirkungen des "Massenzustroms".

3.6. Zusammenfassung und Bezug zu den soziologischen Erklärungs-ansätzen

Psychoanalytische Erklärungsmuster zeigen, daß die in der Gruppenpsychologie erläuterten Zusammensetzungen der Individuen zum Kollektiv besonders durch

---

[149] zit. aus: "DIE REPUBLIKANER-Parteiprogramm 1993", Bonn, 1996, S.24 - an dieser Aussage hat sich in dem im Oktober 1996 verabschiedeten Programm trotz der Überwachung durch den Verfassungsschutz und des Führungswechsels von Schönhuber zu Schlierer nichts geändert (hier zitiert auf S.23)
[150] zit.aus:"Nationaldemokratische Gedanken für eine lebenswerte Zukunft - NPD-Parteiprogramm", Stuttgart, 1987, S.16

streßreiches Erleben des Alltags mittels eines Ventils in Aktionen ausgelebt werden.

Dieses Ventil zeigt sich oftmals durch non- und verbale Äußerungen.

Es hat sich gezeigt, daß die Psychoanalyse als Erklärungsmuster die Möglichkeit bietet, von ihr her andere Teildisziplinen abzuleiten.

Sowohl Elemente der Streßforschung, der Gruppen- als auch der Ko   m-munikationspsychologie kommen in der Psychoanalyse zu Ausdruck.

Der Schutz der Gruppe, die durch einen Führer als Vater- oder Mutterf   i-gur ihren Ausdruck verliehen bekommt, ermöglicht es dem Individuum, seiner hohe Selbstaufmerksamkeit für den Preis der bedingungslosen Anpassung an Gruppennormen und -druck einen Ausgleich zzuu schaffen.

Dieser gegebene soziale Rückhalt ermöglicht es gleichzeitig, dem Angst auslösenden Alltagsstreß - welcher sich aus Selbstbehauptungs- und Selbs   t-schutzgründen zu abwertenden Verhaltensweisen in Form (non-) verbaler Art, durch Mobbing oder durch (Rechts-) Extremismus äußern kann - gerecht zu wewrden.

Somit ist erkenntlich geworden, daß aus psychologischer Sicht das Pr   o-blem des Rechtsextremismus ein Symptom der diesem Phänomen zugrunde li   e-genden Angst darstellt.

Dieser innere Zustand alleine aber ist lediglich eine hinreichende, nicht aber einzigste Bedingung zur Erklärung des Rechtsextremismus.

Deshalb wird im folgenden auf das `äußere` und somit gesellschaftlich bedingte eingegangen.

Die Gruppe wird hierbei anhand der Subkulturtheorie von Cohen b   e-trachtet werden; hieran anschließend wird er Streßauslösenden Individiualisi   e-rung und der damit verbundenen Suche nach Rückhalt und Kontakten in fre   i-willig gewählten Gruppen durch Beck und Heitmeyer nachgegangen werden um abschließend anhand einer speziellen Subkultur - die sich als Extrem zu Vera   n-schaulichung sehr gut eignet - die bis dahin gewonnen Erkentnisse aufzuzeigen.

4. Soziologische Erklärungsmodelle des Extremismus

4.1. Einleitung

Im vorherigen Kapitel beschriebene individuell bezogenen Aspekte werden of t-mals zur Entlastung der eigenen Person im Kollektiv gelebt.

Individuelle Wege einer erlebten oder gemeinten Stigmatisierung können hierbei als Ressentiment, Absonderung dem Haß auf die eigenen Person oder der Krankheit ihren Ausdruck finden.

Besonderes Kennzeichen hierbei ist, daß der Jugendliche "sich selbst als Fremdkörper und Außenseiter in der Gesellschaft wahr(nimmt)" und er sich gleichzeitig "der gesellschaftlichen Definition seines abweichenden Verhaltens" verweigert.[151]

Dieser Gedankengang findet seine Zuspitzung in den kollektiven Ausw e-gen; diese zeigen sich dadurch, daß sie ihren Ausdruck in oftmals delinquenten Subkulturen finden, wobei hierbei die Betonung darauf liegen muß, daß mit di e-sem Begriff bzgl. der Thematik nicht ausschließlich sogenannte Hooligans, Skinheads oder deren weibliches Gegenstück Rennee genannt werden soll. Es wird aber auf diese Gruppe zugegriffen werden, da sie zum einen als medienf a-vorisierte Subkultur in den Jahren 1991-1993 in Erscheinung traten; zum and e-ren ist bei keiner anderen Subkultur rechtsextremes Auftreten so offensichtlich wie bei den Skinheads - vorausgesetzt es handelt sich um diese an bestimmten Merkmalen erkennbare und nicht um sogenannte Red-Skins.

Hierdurch kann exemplarisch die soziologische Erklärung am geeigne t-sten verdeutlicht werden.

Zudem soll im folgenden erörtert werden, wie eine Subkultur entstehen kann. Das geschieht durch Cohens Subkulturtheorie, dem eine nicht zu unte r-schätzende Rolle innerhalb der Soziologie eingeräumt werden muß; stellenweise wird hierbei bzgl. der Jugendsoziologie auf Brake verwiesen werden.

Individualisierungstheorien und diese soziologischen Studien zugrund e-liegende werden durch Beck und Heitmeyer erläutert werden.

Subkulturspezifische Kennzeichen werden durch Farin/Seidel-Pielen da r-gestellt werden, wobei hier szenenintern und praxisnah festgestellt werden kann, inwieweit die jeweilige Subkultur die Möglichkeit der Kollektivlösung bietet.

---

[151] Mike Brake, Soziologie der jugendlichen Subkulturen, Frankfurt a.M., 1981, S.12

4.2. Subkulturtheorie und Abweichung bei Cohen

Albert Cohen hat in den 50er Jahren herausgefunden, daß besonders Jugendliche aus der Unterschicht sich ihres schlechten Status innerhalb der Gesellschaft b e-wußt waren, da sie den Anforderungen eines an der Mittelschicht orientierten Wertesystems nicht gerecht werden konnten.

Somit sind Anpassungsprobleme an dieses Wertesystem die Konsequenz.

Angelehnt an die Durkheimsche Anomietheorie ergibt sich bei Cohen die Möglichkeit, Spannungen zwischen kulturellen Zielen und unzulänglichen i n-stitutionalisierten Mitteln zur Erreichung"[152] eben dieser abzubauen. Diesbezü g-lich werden innerhalb der Gruppe eigene Norm- und Wertesysteme aufgebaut.

Die Konzeptionierung eines, gemessen an der Gesellschaft, negativist i-schen Wertebildes bedingen die Errichtung eigener freier Räume. Innerhalb di e-ser erreicht der Jugendliche einen Status, den er in der Gesellschaft niemals e r-langen könnte und löst somit individuelle Probleme im Kollektiv.[153]

Dieses Kollektiv bindet den einzelnen durch kognitive und moralische oder rationale Abhängigkeit an sich.

Erstgenannte Abhängigkeit beinhaltet, daß die "Auffassungen von der Realität, vom Möglichen und Rechten - von dem Wissen, den Glaubenshaltu n-gen und den Werten anderer Menschen"[154]abhängen. Somit ergibt sich, daß kein Mensch für sich alleine existieren kann, sondern sich seine Einstellung aus dem Umfeld ergibt und dadurch für den einzelnen in sich schlüssig ist und wird.

Die relationale Abhängigkeit beinhaltet das Bedürfnis, "mit anderen b e-stimmte Arten sozialer Beziehungen einzugehen. Hierunter fallen die Bedürfni s-se, geschätzt, geliebt, bewundert, respektiert, begehrt, ernährt, geschützt, b e-herrscht und geachtete zu werden."[155]

Somit ist kennzeichnend dieser Abhängigkeit, daß sich die erst genannte Abhängigkeit auf den anderen Menschen in einer Art Über-Moral bezogen, die zweite hingegen beinhaltet die (selbst-) auferlegten Erwartungen an eine Person, durch die o.g. soziale Beziehungen erst möglich gemacht werden.

4.1.2. Gruppennormen und -werte

Haben sich die beschriebenen sozialen Beziehungen verfestigt, so entstehen die in Gruppen internen Normen und Werte.

---

[152] Albert Cohen, Abweichung und Kontrolle, München, 1968, S.176
[153] vgl. Cohen, 1968, S.186 - vgl. auch Überschneidungen zur Psychologie!
[154] ebd., S.146
[155] ebd., S.147

Diese "regulieren und bestimmen wie in anderen Sozialgebilden auch" das zusammenleben und bedingen letztendlich "eine Angleichung im Handeln, Denken und Fühlen.".[156]

Somit ist erkennbar, daß sich eine - bereits aus der Psychologie bekannte - gruppeneigene Dynamik entwickelt, die den zuvor als eigene Persönlichkeit in Erscheinung tretenden zu einen angepaßten Gruppenteil entwickelt.

Gerade für delinquent auftretende Gruppierungen wie den unten aufgeführten Skinheads wird die Bedeutung von in Gruppen internen Wertesystemen nicht abzuweisen sein.

Deren Bedeutung "läßt sich am Moralkodex rechtsextremer Gruppen ebenso ablesen wie am rigiden moralischen Selbstverständnis des Linksterrorismus, dessen Anhänger in eine politische Gegegenkultur mit eigenen Verhaltensmustern (...) und sich auf das individuelle Handeln auswirkenden Koinformitätszwängen integriert sind."[157]

Diese Gegegkultur muß somit - sofern nicht pädagogisch moralisierend interveniert werden soll - zunächst als eine in sich homogen und geschlossene betrachtet werden.

Um den psychischen Aspekt - hier gekennzeichnet durch die Motivation einer Handlung - nicht unnötig zu wiederholen, muß des weiteren festgestellt werden, daß der Ausdruck abweichenden Verhaltens im soziologischen Sinne als Symbolisierung der Rolle verstanden werden muß.

"Ein großer Teil des abweichenden Verhaltens, das als 'irrational' und 'sinnlos' erscheint, wird sinnvoll, wenn man es als den Versuch ansieht, eine bestimmte Art von Ich zu proklamieren (...); (hierzu zählt ebenfalls) die Teilnahme an illegalen Formen sozialen Protestes und Widerstand gegen die Staatsgewalt (sowie) die Beteiligung an 'Straßenkrawallen' (...).[158]

Somit wird deutlich, daß die Gegenkultur ein Ausdruck gegen die Vereinzelung und Individualisierung ist, durch den das Individuum Anerkennung und Gültigkeit bekommt.

4.3. Individualisierung in der modernen Gesellschaft

Innerhalb der Soziologie ist der Begriff der Individualisierung seit Mitte der 80er Jahre vermehrt in der Literatur zu finden.

Ansätze von Beck und die Weiterentwicklung durch Heitmeyer waren

---

[156] Herbert Jäger, Makrokriminalität - Studien zur Kriminologie kollektiver Gewalt, 1.Auflage, Frankfurt a.M., 1989, S.157
[157] ebd., S.158
[158] Cohen, 1968, S.171f.

führend in der Auseinandersetzung mit den Themen des Rechtsextremismus, Orientierungslosigkeit und Gewalt.

Im folgenden wird eine kurze Definition des Verständnisses von "Individualisierung" nach Beck dargestellt werden, und hieran anschließend die hierauf aufbauenden Ansätze von Heitmeyer.

4.3.1. Individualisierung nach Beck

Beck definiert Individualisierung dadurch, daß er den Zustand des Individuums losgelöst aus traditionellen Zusammenhängen, Werten und Normen betrac   h-tet.[159]

Individualisierung bedeutet hierbei nicht nur, daß diese als "Individuation gleich Personenwerdung gleich Einmaligkeit gleich Emanzipation"   [160] versta n-den werden soll, sondern gerade dadurch gekennzeichnet ist, daß objektive, subjektive, strukturelle und individuelle Veränderung in diesem Begriff definiert sind.

Das "Ausdünnen der Traditionen"   [161] bedingt, daß Glauben, Nachba   r-schafts-, Vereinsbindungen und Klassenbewußtsein ihren Stellenwert einbüßen.

Ein Bild von Verästelungen finden sich bei Beck wieder, denn er vertritt die Ausffassung, daß in der Moderne die schützenden Möglichkeiten durch I   n-stitutionen nun durch den einzelnen selbst ersetzt werden; er bezieht dies auf die Familie, die nicht mehr durch die lebenslange Ehe, sondern durch `Lebensa    b-schnittsgefährten/-innen` gekennzeichnet sind. Entgegen frühere gültiger (M   o-ral-) Vorstellungen geschieht es heute, daß sich "Ehe (...) von Sexualität trennen und noch einmal von Elternschaft"[162] - letzteres macht Beck daran deutlich, daß jedes zehnte Kind in einer Eineltern-Familie aufwächst.

Dieses resultiert daraus, daß für den Arbeitsmarkt nur jemand zu gebra   u-chen ist, der den Kriterien des Marktes entspricht: "das alleinstehende, nicht partnerschafts-, ehe oder familien`behinderte` Individuum[163].

---

[159] Ulrich Beck, Risikogesellschaft - Auf dem Weg in eine andere Moderne, Frankfurt a.M., 1986, S.206
[160] ebd., S.207
[161] ebd., S.186; der Verlust von traditionellen Bindungen wurde bereits 1930 vergleichbar in der Verbandsarbeit bzgl. des "falschen Individualismus" formuliert: "Er (der `falsche Indiv i-dualismus`, M.K.) leugnet alle Bindungen an Herkunft und Vergangenheit, er vernichtet die Überlieferung, löst die Beziehungen zu den Nachbarn und die Verbundenheit im Volke", aus: "Der Falke", Nr.4/5, 1930, Hrsg.: "Adler und Falken, Deutsche Jugendwanderer e.V., Bad Salzbrunn, S.3
[162] Beck, 1986, S.190
[163] ebd., S.191

4.3.2. Übergang zu Heitmeyer

Somit kann festgehalten werden, daß Individualisierung nicht der von der Person ausgehende Wunsch nach Veränderung ist, sondern vielmehr durch die Veränderung von Normen, denen sich das Individuum nicht schnell genug anpassen kann, entsteht.

Hierdurch besteht die Möglichkeit der sich Erweiterung eines Handlungsspielraumes aber auch die Entstehung der Handlungsunsicherheit.

Worin sich unter anderem diese äußert und wodurch sie kompensiert werden kann, soll im in der Weiterführung und Ausarbeitung des Beck'schen Ansatzes durch Heitmeyer aufgezeigt werden.

4.3.3. Das Individualisierungs-Theorem nach Heitmeyer

Diese ist nach Heitmeyer durch das Individualisierungs-Theorem gekennzeichnet. Er macht dies an den Arbeitsmarkterfordernissen deutlich, die Bildung und Qualifikation als Verteiler sozialer Ressourcen voraussetzen und somit eine Konkurrenz zwischen den Individuen bewirken. Bei der so dem Individuum abverlangten Kompetenz gehören Solidarität und Kollektivität der Vergangenheit an. Auch ehemals eigenständig ausgeübte Funktionen werden an professionelle Institutionen abgegeben.

Damit ist der Einzelne bei der Planung von Lebenswegen auf sich selbst gestellt. Diese Individualisierung resultiert auch daraus, daß Konkurrenzbeziehungen eine individuelle Abschottung erzwingen. Zudem bedingt das Wohnen in Großstadtsiedlungen Nachbarschaftsverhältnisse, die nur selten fest verankert sind. Hinzu kommt, daß die soziale Mobilität die Herkunftsfamilien auseinander dividiert und auch eventuelle neue Beziehungen kaum von Dauer sind. Des weiteren erscheint die Solidarität in einem, die Risiken der Lohnarbeiter – Existenz reduzierenden sozial-staatlichen Sicherungssystem nicht mehr als Notwendigkeit.[164]

Den positiven Aspekten der Individualisierung, nämlich der Verfügbarkeit über eigenes Geld, Wohnraum, Körper und Zeit, stehen so also auch negative Aspekte gegenüber, deren Kennzeichen die Vereinzelung ist. Hierzu gehört unter anderem die notwendige Ablösung von der Herkunftsfamilie, die einerseits mit Selbst- und Reflexionsprozessen, andererseits mit zu bewältigenden Selektionsprozessen verbunden ist. Auch die Situation auf dem Arbeitsmarkt zählt hierzu; denn hier muß sich jeder einzelne beweisen und bekommt so das Gefühl

---

[164] vgl. hierzu ebd., S. 16 f.

vermittelt, austauschbar zu sein, wodurch jemals vorhandene Gemeinsamkeiten ausgelöscht werden.[165]

Für Heitmeyer stellt sich nun die Frage, inwieweit sich innerhalb dieses Individualisierungsprozesses eine eigene Identität bilden könne, oder ob er lediglich in einer "Selbstdurchsetzung" ausarte.

4.3.3.1. Die sozial-interaktive Ebene

Wilhelm Heitmeyer definiert das 'Milieu' als Zusammenschluß objektiver Lebensbedingungen, sozialer Beziehungsstrukturen, der Territorialität, der ökonomisch-mathematischen Chancenausstattung und einer subjektiv angenommenen Werte-Homogenität.[166]

Innerhalb der Individualisierungsschübe gehen solche Aspekte jedoch verloren. Das Ergebnis sind mögliche psychische Konflikte des Individuums, da eigentliche Kollektivschicksale (zum Beispiel die Arbeitslosigkeit) als eigene Schicksalsschläge bewertet werden.

Da bei dem `Motor` der Individualisierung keine neuen sozialen Zusammenhänge erkennbar werden, verlieren immer mehr gesellschaftliche Gruppen ihre zusammen schweißende Identität. Dieses Phänomen bezeichnet Heitmeyer als 'Vereinzelung'.[167]

Der Begriff der 'Individualisierung' ist jedoch nur begrenzt funktional. Das Individuum ist hierbei nämlich nur interessant, solange es sich als konkurrenzfähig auf dem Konsum- und Arbeitsmarkt erweist und das Geschäft belebt.

Problematisch im Sinne des Systems wird das Individuum dann, wenn es sich nicht den Normen des Konkurrenzsystems unterwirft oder nicht demenstsprechend eingesetzt werden kann. Deshalb wird versucht, das Interesse des Einzelnen an dem System mittels "Gemeinschafts-Konstrukten"[168] im Sinne eines 'Wir-Gefühls' aufrechtzuerhalten.

Nur begrenzte Funktionalität gilt auch für den Begriff der 'Pluralisierung'. Diese ist nur dann systemstützend, wenn das Individuum tatsächlich den Konsummarkt belebt.

Werden aber systemrelevante Normen und Werte hinterfragt und erkennt das Individuum seine Vereinzelung, so muß das politische System agieren. Dies

---

[165] vgl. Wilhelm Heitmeyer, Die Bielefelder-Rechtsextremismus-Studie, Weinheim, 1992, S. 19
[166] vgl. hierzu ebd., S. 21
[167] vgl. hierzu Heitmeyer 1992, S. 21-23
[168] ebd.

tut es durch die von Heitmeyer beschriebene Institutionalisierung und Standardisierung.[169]

Bei dieser werden zum Beispiel durch Konsumgemeinschaften Milieu-Nähen suggeriert, die es dem Individuum ermöglichen, seine Lebensführung beizubehalten. Die hierbei ebenfalls bestehende Beziehungslosigkeit der bleibt dabei jedoch weitest gehenst verdeckt.[170]

Aus dieser, überwiegend durch Materielles bestimmte Standardisierung und Institutionalisierung können und müssen Jugendliche nun eine Auswahl treffen. Hierbei wissen sie allerdings nicht, wozu sie sich entscheiden sollen, da es keine milieuspezifischen Orientierungsmuster mehr gibt als soziale Orienti e-rung, die ihnen helfen könnten.

Insofern kann auch das Nationalgefühl als "soziales Bindemittel"[171], das ansonsten nirgendwo mehr erlebt wird, verstanden werden.

Heitmeyer geht davon aus, daß die Auseinandersetzung mit sozialen und politischen Realitäten innerhalb eines vorgeschriebenen Rahmens geschieht. So kann bei der Untersuchung rechtsextremistischer Verhaltens- und Orienti e-rungsmuster festgehalten werden, daß diese in "der Gesamtgesellschaft zumi n-dest latent präsent sein müssen"[172]. Deshalb kann die rechtsextremistische Or i-entierung kein psychologisches, sondern nur ein soziologisches und sozialps y-chologisches Problem sein.

4.3.3.2 Arbeit und Identität

Neben der sozialen, interaktionistischen Kategorie bieten auch Arbeit und Pol i-tik ihren Beitrag zur Identitätsentwicklung bei.[173]

Arbeit gilt als Voraussetzung für Anerkennung und prägt den persönl i-chen Bildungsprozeß und Lebenslauf des Einzelnen. Sie erscheint somit als "Basis sozialer Identität"[174]. Das Individuum versucht nun, seine Identität durch s o-ziale Anerkennung zu sichern. Gleichzeitig entwickelt es dabei aber eine, das Herrschaftssystem in dessen Sinne nicht fördernde, autonome Handlungsfähi g-keit, um weiterhin als Individuum zu gelten. Die daraus resultierende Unabhä n-

---

[169] vgl. hierzu ebd., S. 24

[170] vgl. hierzu ebd.

[171] ebd., S. 26

[172] ebd.

[173] vgl. hierzu ebd., S. 29

[174] ebd. - um dieses Kapitel nicht mehr als nötig auszudehnen, sei hier auf eine Studie verwi e-sen, die ebenfalls zum Ausdruck bringt, daß die Erwerbsarbeit, trotz das es in klassischer Form immer weniger gibt, bei Jugendlichen und jungen Erwachsenen einen sehr hohen Ste l-lenwert einnimmt und als die Identität stärkend gilt.

gigkeit und Selbstständigkeit führt zu und bildet ein reflexives politisches Bewußtsein. Dies erlaubt es, daß individuelle Erfahrungen in gesellschaftlich-
politische Beziehung zu setzten.

Wird dieses Bewußtsein jedoch nicht erreicht und das Streben nach
Handlungsfähigkeit weicht der Suche nach Gewißheit, besteht die Gefahr, sich
rechtsextremistischen Konzepten anzuschließen, die eben diese Gewißheit im
Sinne einer "'sozialen Heimat'"[175] suggerieren.

Dieses Phänomen erkläre auch, weshalb gerade der männliche Anteil in
dieser Szene überwiege. Die Auflösung sowohl traditioneller Normen -wie die
des Ernährers der Familie - als auch "geschlechtsspezifischer 'Normalbiograph i-
en'"[176], gepaart mit der fortlaufenden Emanzipationsbewegung, trage zu einer
Verunsicherung der Männerrolle bei. Da keine konkrete soziale Plazierung erkennbar sei, die Identität erhalten soll, werde auf "prämoderne Formen der Ge-
schlechterverhältnisse"[177] zur Identitätssicherung zurückgegriffen.

Heitmeyer folgert nun, daß gerade für Arbeiterjugendliche das vom Mi-
lieu gebrochene Aufwachsen die Bedeutung von Gleichaltrigengruppen steigere.
Das hier bestehende Gefühl der Zusammengehörigkeit entwickelt sich durch das
Absichern eines Statuses. Dieses geschieht wiederum durch eine gruppeninterne
Auf- und die Abwertung anderer, die hier mittels der Ungleichheitsideologie
instrumentalisiert werden.

4.4. Thesen zur Erklärung rechtsextremistischen Verhalten und des-
sen Ursachen

Wilhelm Heitmeyer erläutert in seiner Studie gängige Thesen, die zur Erklärung
rechtsextremistischen Verhaltens und dessen Ursachen herangezogen werden.

Er stellt hier "die Analogie-, die Verführungs- und die Arbeitslosigkeit s-
these"[178] dar. Anschließend geht er auf die durch sein sozialisationstheoreth i-
sches Konzept erklärbare Instrumentalisierungs-These ein.

4.4.1. Die Analogiethese

Die historisch angelegte Analogiethese lasse sich, so Heitmeyer, in vier unterschiedliche Muster unterteilen.

---

vgl. Martin Baethge u.a., Jugend: Arbeit und Identiität - Lebensperspektiven und Interesse n-
orientierungen von Jugendlichen, Opladen 1988 – vgl. aber auch besonders Kapitel 8 inne r-
halb dieser Arbeit.
[175] ebd., S. 32
[176] ebd.
[177] ebd.
[178] Wilelm Heitmeyer, Die Bielefelder Rechtsextremismus-Studie, Weinheim, 1992, S. 590

Das erste beinhaltet die "Relativierung" [179], also Abschwächung national-sozialistischer Verbrechen im Vergleich zu anderen Nationen sowie die "Apologetik"[180], die Würdigung der Leistungsfähigkeit dieses politischen Systems.

Das zweite Muster beinhaltet die als "Auftrennungs-Ambivalenz" [181] beschriebene Ablehnung des politischen Systems des Nationalsozialismus. Gleichzeitig werden jedoch 'positive' Seiten dieser Ideologie hervorgehoben.

Die "'Schlußstrich'-Mentalität" [182] ist im dritten Muster enthalten. Sie besagt, daß der Jugendliche seine eigene Biographie nicht in Zusammenhang mit der Zeit des Nationalsozialismus bringen will. Er distanziert sich deshalb auf allerdings stereotype Art und Weise davon.

Im vierten Muster, der "Zeitbeziehung und Zeitkritik" [183], findet jedoch eine kritische Auseinandersetzung mit der Zeit des Nationalsozialismus statt.

Die Distanz des dritten Musters zeige, so der Autor, wie ausgehöhlt, leer und beziehungslos das Verhalten bezüglich der Auseinandersetzung mit der historischen Vergangenheit sei.

Wilhelm Heitmeyer faßt bezüglich der Analogie- oder Rechtfertigungsthese zusammen, daß diese nichts über die tatsächliche politische Orientierung Jugendlicher - vor allem eine rechtsextremistische - Aussage. Er schließt dies daraus, daß historisch gelagerte Ideologieausdrücke in dieser These keine Verwendung fänden. Das bedeute zwar nicht, daß hier keine problematischen Positionen zu finden seien, aber die Distanzierung Jugendlicher bezüglich der Wiederherstellung des nationalsozialistischen Systems, die durch die Studie deutlich geworden sei, mache oben genanntes deutlich.[184]

4.4.2. Die politisch-institutionelle Verführungsthese

Diese These basiert darauf, daß die Ursachen rechtsextremistischer Orientierungen und Handlungsweisen von Parteien, politischen Programmen und Persönlichkeiten ausgehen.

Wilhelm Heitmeyer merkt hierzu an, daß hierbei Ursache und Wirkung vertauscht würden; denn bevor eine Parteiprogrammatik Ergebnisse tragen könne, müsse hierfür ein fruchtbarer Boden bestehen.

In der 1989 von Heitmeyer durchgeführten Umfrage bezüglich des Wahl-

---

[179] ebd.
[180] ebd.
[181] ebd.
[182] ebd., S. 591
[183] ebd.
[184] vgl. hierzu ebd., S. 591 f.

verhaltens Jugendlicher zeigt sich, daß eher eine Entfremdung zur etablierten Politik als ein rasanter Zulauf zu rechtsextremistischen Parteien zu verzeichnen ist.[185]

Hier ist das Problem des "'privatisierten Rechtsextremismus'" [186] erkennbar. Er zeigt sich bei den Jugendlichen vor allem durch die Rechtfertigungsideologie. Diese täuscht nämlich vor, dem "Anschlußsuche an die bestehenden Verhältnisse"[187] gerecht zu werden. Und gerade Jugendliche befinden sich in einer Phase, die durch "Desintegrationsgefahren"[188] gekennzeichnet ist.

4.4.3. Die Arbeitslosigkeitsthese

Im Mittelpunkt dieser dritten These stehen die ökonomischen Ursachen, vor allem die Arbeitslosigkeit. Sie besagt, daß derjenige, der ökonomisch unabhängig, also im Besitz eines Arbeits- oder Ausbildungsplatzes ist, vor "rechtsextremistischer Auffälligkeit"[189] geschützt ist.

Historisch betrachtet scheint es diese Fragestellung mit dem Beginn des Dritten Reiches bereits schon einmal gegeben zu haben.

Den 1,5 Millionen jugendlichen Arbeitslosen, welches das hauptsächliche Potential der Arbeiterschaft in der NSDAP gewesen sind, waren funktionalisierbar, da sie einer Abhängigkeit ausgeliefert waren.

Diese bestand darin, daß die Sicherung ihrer physischen Existenz vorrangig vor allem anderen stand, die Ideologie spielte also dementsprechend eine untergeordnete Rolle.[190]

Heitmeyer bemerkt hierzu, daß allerdings auf heute bezogen nicht die formale Integration in die Arbeitswelt, sondern die Qualität der Arbeitsplatzverhältnisse entscheidend dafür sei, ob und wie stark sich jemand der Ungleichheitsideologie bediene. Dem könne man dadurch entgegentreten, daß zum einen die Arbeit inhaltlich durch Selbstverwirklichung und Autonomie ausgefüllt werde; zum anderen dürfe sie nicht nur der ökonomischen Absicherung diene und auf die instrumentalistische Arbeitsorientierung (Aufstiegsmöglichkeiten, Verdienst etc.) reduziert sein.[191]

---

[185] vgl. hierzu ebd., S. 593 f.

[186] ebd., S. 594

[187] ebd.

[188] ebd.

[189] ebd., S. 595

[190] Wilhelm Heitmeyer, Rechtsextemistische Orientierungen bei Jugendlichen, Weinheim, 4.Auflage, 1992a (1987), S.55

[191] vgl. hierzu Heitmeyer, 1992, ebd.

4.4.4. Die Instrumentalisierungs-These

Sie ist durch die Konsequenz von Vereinzelung und Desintegration innerhalb der Gesellschaft einerseits, und der hierdurch notwendigen Selbstdurchsetzung andererseits gekennzeichnet.

Dies bedeutet, das Handlungen unabhängig von anderen geschehen und deshalb auch bei den möglichen Folgen keine Rücksicht auf andere genommen werden muß. Dadurch kann es passieren, daß andere auch als Person nicht mehr anerkannt werden. Diese Nichtanerkennung wird durch 'scheinbare' Überlege n-heit demonstriert, die sich in den Varianten der Verdinglichung und Abwertung von Personen wiederspiegelt.

Ein so behandeltes unterliegt der Austauschbarkeit. Hieraus folgt, daß der Personenkreis der Sündenböcke sich stetig verändern kann.

Die Lebenslagen der so instrumentalisierten Personengruppen interessiert dann nicht mehr. Das Entgegenbringen von vor allem positiven Emotionen wird überflüssig, wodurch soziale Beziehungen verkommen und sich auflösen. Diese Instrumentalisierung, die die eigene Selbstdurchsetzung zum Ziel hat, erscheint subjektiv als sinnvoll und bildet so innerhalb der Ungleichheitsideologie, pol i-tisch aufgeheizt, eine Legitimation der Gewalt.

4.4.5. Kritik an Heitmeyer

Heitmeyer geht in seiner Studie nicht auf weibliche Jugendlichen ein. Diese hätten es, so Birgit Rommelspacher, jedoch schwerer in der Sozialisation als die männlichen Gleichaltrigen. Somit hätten sie auch mehr Grund zu rebellieren. Die Autorin folgert, daß die bei Heitmeyer erwähnten männlichen Jugendlichen als "Projektionsfiguren gesellschaftlicher "Gewaltphantasien" [192] dienten. Diese Projektion entlaste jeden Einzelnen der Gesellschaft. Deshalb würden auch im gleichen Kontext 'Entlastungsmanöver' inszeniert, die das Verhalten der Täter als verständlich erscheinen lassen sollten. Hierbei würden dann, so Ro m-melspacher, soziale, psychische und materielle Krisen und Probleme als Erkl ä-rung benutzt. Daraus solle dann Verständnis und Anteilnahme für die Täter a b-geleitet werden. "Aus den Tätern sind unversehens Opfer geworden."[193]

Auch die von Heitmeyer beschriebene Individualisierungsthese sei in dem Themenfeld des Rechtsextremismus unter Jugendlichen nicht angebracht.

Heitmeyer sei selbst 'irritiert', wenn Jugendliche mit autoritär-nationa-

---

[192] Birgit Rommelspacher, Männliche Jugendliche als Projektionsfiguren gesellschaftlicher Gewaltphantasien - Rassismus im Selbstverständnis der Mehrheitskultur, in : Wilfried Breyvogel (Hrsg.), Lust auf Randale-Jugendliche Gewalt gegen Fremde, Bonn, 1993, S. 75
[193] ebd., S. 77

listischen Orientierungen in einem integrierten sozialen Kontext stünden.

Rommelspacher wirft ihm weiter vor, daß er trotz einer Untersuchung, die den gerade genannten Aspekt bestätige, weiterhin an der These festhalte, der Verlust sozialer Bezüge sei verantwortlich für die Orientierung in rechtsextremistischen Gruppierungen. Im Hinblick auf die deutsche Geschichte sei hier zu fragen, ob diese sozialen bezüge jemals vor rechtsextremistischem Gedankengut geschützt hätten.

Wilhelm Heitmeyers These greife überdies zu kurz, da nicht von desint e-grierten Jugendlichen, sondern von Jugendlichen aus allen Schichten gesprochen werden müsse.

Zudem stellt Heitmeyer fest, daß "es an der einen oder anderen Stelle au f-scheinen mag"[194], daß seine Ergebnisse bildungs- und schulformspezifisch seien. Doch er geht davon aus, daß eine vergleichbare Untersuchung mit Gymnasiasten vermutlich das gleiche Bild abgegeben hätte; die als problematisch verstandenen Orientierungen würden wahrscheinlich nur sprachlich besser formuliert werden.

An diesem Punkt muß Heitmeyer vorgeworfen werden, daß er hypoth e-tisch argumentiert.

Heitmeyer hat als einer der ersten Wissenschaftler bereits 1987 - also vor den Ausschreitungen der Jahre 1991 fortfolgende - das Thema des Rechtsextr e-mismus behandelt und es somit wissenschaftlich sehr schnell besetzt.

Der Kern seiner Aussage lautet somit, daß das Problem des Rechtsextr e-mismus gerade ein Jugendproblem sei; dementsprechend wurden pädagogische Maßnahmen gefordert.

Albert Scherr wirft diesem Ansatz vor, daß er somit das Rechtsextremi s-musproblem pädagogisiert habe.[195]

Das hätte zur Folge, daß eine Verharmlosung der politischen Dimension des tatsächlichen Rechtsextremismus geschehen würde; andererseits soll im weiteren Verlauf nicht diese Dimension, sondern die tatsächliche pädagogische Sichtweise - unter Berücksichtigung bisheriger soziologischer Erkenntnisse - vorrangig in Betracht gezogen werden.

4.5. Subkultur der Skinheads

Öffentliches Interesse an der Szene ist erst seit den gewalttätigen Ausschreitu n-gen der Jahre 1990-1992 zum Ausdruck gebracht worden, obwohl es diese a n-fänglich unpolitische Subkultur bereits seit Ende der 60er Jahre gibt.

---

[194] ebd., S. 189
[195] Albert Scherr, Vom "Antifaschismus" zur "Heitmeyerei"? in: derselbe (Hrsg.), Jugenda r-beit mit rechten Jugendlichen, Bielefeld, 1992

Bei den weiteren Analysen bzgl. dieser Subkultur verdienen Farin und Seidel-Pielen`s Studien dahingehend Aufmerksamkeit, als das sie an der Ski n-head-Sezene angelehnt gearbeitet haben.[196]

4.5.1. Historie der Skinhead

Mitte bis Ende der 60er Jahre entwickelten sich in einigen Londoner Arbeite r-vierteln aus dem harten Kern der Mods die sogenannten boot boys, bad boys, später auch Skinheads genannt. Diese Jugendlichen gehörten vorwiegend der Unterschicht an. Im Stile ihrer Vorbilder rebellierten sie gegen alles, was die konservativen, traditionellen Werte hätte antasten können. Die Zielgruppen ihrer Gewalttaten waren zunächst Hippies und Homosexuelle. Der Haß auf Letztere war vor allem als Ausdruck von Empfindungen der Durchschnittsbürger.

Die dieser Gruppe angehörenden Arbeiterjugendlichen waren zumeist mit Schulproblemen belastet. Zudem übernahmen sie Werte, ohne diese zu hinte r-fragen, und waren auch dazu bereit, diese mit allen Mitteln zu verteidigen.

So wurden die Skinheads recht schnell als politisches Mittel erkannt und auch benutzt[197].

Durch diese Entwicklung schien der politische Weg der Kultur vorg e-zeichnet. Hierzu trugen auch die Medien einen erheblichen Teil bei. Durch den dort aufgebauschten angeblichen "Skinhead-Terror" wurde der gewöhnliche und vor allem der behördliche Rassismus totgeschwiegen.[198]

Ende der 70er Jahre verfestigte sich die Szene in Deutschland und obwohl die meisten Anhänger sich selbst als unpolitisch verstanden, wurde die Szene rechtslastig weitergeführt.

Heute gibt es in der Bundesrepublik rund 8.000 Skinheads, von denen e t-wa 80 Prozent als gewaltbereit anzusehen sind[199]. Und auch, wenn durch die Be-

---

[196]Klaus Farin, Skinheads als rechte Jugendkultur, in: Franz Josef Krafeld/Kurt Mö l-ler/Andrea Müller (Hrsg.), Jugendarbeit in rechten Szenen: Ansätze - Erfahrungen - Perspe k-tiven, Schriftenreihe der Landeszentrale für politische Bildung der Freien Hansestadt Bremen, Band 5, Bremen 1993;
Klaus Farin/Eberhard Seidel-Pielen, Skinheads, München , 2.Auflage,1994
[197]Enoch Powell, der 1967 die National Front gegründet hatte, hielt diese Rede am 20. April 1968 und ließ sie 350.000 Mal an Interessierte verteilen. Powell starb 85jährig am 8.Februar 1998.
[198] vgl. Brake 1981, S. 91
[199] vgl. Farin 1993, S. 93; ich behalte diese nunmehr einige Jahre alten Zahlen bei, denn die Assoziation 'rechter Jugendlicher = nationalsozialistischer Skinhead' wird ebenfalls vom Bundesministerium des Innern im Verfassungsschutzbericht 1995 (Bonn, 1996. S.119) w i-derlegt. Diese Verunsicherung zeigt sich besonders dadurch, daß nunmehr von "gewaltberei-

richterstattung der Medien der Eindruck aufgekommen ist, jeder Skinhead sei automatisch rechtsradikal, spielt trotzdem die Politik auch weiterhin keine allzu große Rolle.

Obwohl der ebenfalls Verfassungsschutz erkannt hat, daß die Zahl der u n-politischen Skinheads zunimmt [200] besteht allerdings die Gefahr des Einstieges Jugendlicher in die rechte Szene durch den immer besser organisierten - hier j e-doch nicht erläuterten - Vertrieb rechtsextremer Musik.

4.5.2. Politik und Wahlverhalten

Aus o.g. wurde erkennbar, daß sich die Szene der Skinheads überwiegend als unpolitisch versteht.

Somit verwundert es nicht, daß etwa ein Viertel der 263 Befragten der Studie[201] von Farin/Seidel-Pielen bezüglich ihres Wahlverhaltens keine Angaben machen konnten. Auch der große Anteil an Nichtwähler von 28,2 Prozent ist durch die unpolitische Haltung erklärbar.

Das Wahlverhalten ist fast gleichmäßig auf das linke und rechte Spektrum der Parteien verteilt.

Als "Linkswähler" werden in der Untersuchung diejenigen eingestuft, die kommunistischen Parteien, den Grünen/Bündnis 90, der PDS oder der SPD ihre Stimme gegeben haben.

Diese Gruppe liegt mit insgesamt 23,1 Prozent knapp vor der der "Rechtswähler" mit 21,8 Prozent, wobei zu letzteren diejenigen gehören, die e i-ne der übrigen Parteien - von der CDU bis zur DVU, REP und auch FAP - g e-wählt haben.

Interessant ist festzustellen, daß die Gruppe der "Rechtswähler" radikaler in ihrem Wahlverhalten ist. So würden hier 7 Prozent der Stimmen auf Parteien wie die FAP, die "Nationalistische Front" (NF) und sogar auf die "National S o-zialistische Deutsche Arbeiter Partei/Auslands- und Aufbau-Organisation" (NSDAP/AO) entfallen, während im linken Spektrum ein eher bürgerliches, an den etablierten Parteien orientiertes Wahlverhalten ersichtlich ist.

---

ten Rechtsextremisten" und "Neonazis" anstatt ausschließlich von Skinheads die Rede ist (vgl. BMI (Hrsg.): VSB 1996, Bonn, 1997, S.88).
Es werden seitdem keine konkreten Zahlen mehr zu dieser Jugendsubkultur oder ihnen äh n-lich aussehenden veröffentlicht.
[200] vgl. Verfassungsschutzbericht (VSB) 1996, Bonn, 1997, S.102, Hrsg.: Bundesministerium des Innern (BMI)
[201] Farin/Seidel-Pielen, 1994, S.200-203; die Angaben zum Stichprobenumfang "n" habe ich selber errechnet, die Wahlergebnisse müßen demnach stark gerundet sein.

Ein weiteres interessantes Ergebnis der Untersuchung ist, daß die SPD zwar an der Spitze aller Parteien liegt, jedoch mit nur 0,3 Prozent vor der DVU und der NPD, die 8,1 bis 8,4 Prozent der Stimmen erhielten.

Auch PDS und REP sind mit 5,6 Prozent der Wählerstimmen gleich stark vertreten. Ein größerer Unterschied von 1,7 beziehungsweise 1,5 Prozent besteht dann schon zwischen der NF, der FAP und der CDU. Das Schlußlicht bildet die FDP mit nur 0,9 Prozent.

Die Autoren fanden außerdem heraus, daß die Polarisierung der polit i-schen Meinung bei Skinheads aus der Arbeiter- und Studentenschaft [202] stärker ist, als bei den noch zur Schule Gehenden oder eine Lehre Absolvierenden.

Am deutlichsten spiegelt sich die politische Einstellung in der eigenen Beurteilung bezüglich der Szenenzugehörigkeit wieder. So fühlen sich 38,9 Pro-zent der Befragten als SHARP-Skins beziehungsweise sympathisieren mit di e-sen. RED-Skins sind mit 20,5 Prozent vertreten, Nazi-Skins "nur" mit 17 Pr o-zent.[203]

Skinhead gelten als die "Inkarnation des Bösen" [204] oder werden - wie b e-reits bei Brake- als "folk devil" bezeichnet.

Unterstützt wird dieses Bild durch viele Jugendliche selbst, die sich gern in das politische Abseits stellen oder durch Einzeltaten Aufmerksamkeit erre i-chen wollen. Farin/Seidel-Pielen folgern, daß das schlechte Bild des Skinheads zu einem "allgegenwärtigen Phänomen" und zu einer "Metapher für das Böse"[205]

---

[202] Der Anteil sich als rechts/rechtsradikal einstufenden Skinheads liegt bei den Arbeitern bei 58%, bei den Studenten um die 6% - bei der Einstufung in die Kategorie links/linksradikal sind die Verhältnisse fast seitenverkehrt, Arbeiter sind mit 16% und Studenten mit 59% ve r-treten. vgl. Farin/Seidel-Pielen, 1994, S.202

[203]Dem widerspricht die Broschüre "Skinheads" des Verfaßungsschutzes Rheinland-Pfalz (Stand August 1995). Hier werden neben einigen wenigen unpolitischen oder linken Ski n-gruppierungen überwiegend Skinheads mit rechtsextremer oder nationalistischer Prägung benannt. Dem ist allerdings mit Vorsicht zu begegnen, da die Broschüre als Kriterium zum Skin-Dasein zum einen berechtigter Weise das Skandieren ausländerfeindlicher Parolen b e-trachtet, andererseits als Kriterium die Bereitschaft zur Gewalt ansetzt. Da dieses Kriterium nicht für eine rechtsextreme Gesinnung alleine angesehen werden kann, soll an dieser Stelle auch auf die Darstellung von Zahlen bzgl. der Skinheadszene verzichtet werden, da auch der Verfassungsschutz des Bundes 1996 festgestellt hat, daß durch die medienwirksame Darste l-lung der Skinheads viele durch eine Änderung des 'Outfits' nach außen nicht mehr dieser Szene zugerechnet werden können (VSB 1996, Bonn, 1997, S.102).

[204]Klaus Farin/Eberhard Seidel-Pielen, Rechtsruck - Rassismus im neuen Deutschland, Berlin 1993, S. 93

[205]Farin/Seidel-Pielen 1994, S. 217

in einem Wechselspiel zwischen Medienkonsument und -macher geworden sei, durch jede neue Meldung wieder bestätigt.

4.5.3. Skinhead - "A Way Of Life!"

Besonders die "Etikettierung der Skinheads als Höllenhunde" [206] nimmt eine wichtigeRolle innerhalb bisheriger - zumeist sich als links bezeichnende - Ve r-öffentlichungen ein. Durch eine unsachliche Distanzierung, tlw. Aus ideolog i-sche Abscheu, tlw. Aus Angst vor der Subkkultur, geschieht es, daß über diese Gruppierung keine Einzelheiten bekannt werden. Das kann auch politisch i n-strum,entalisiert werden und somit als sinnvoll erachtet werden.

Denn je mehr Einzelheiten über diese Szene bekannt würde, desto eher müßten viele, von außen auf sie projiziert Bilder revidiert werden. Zudem b e-stünde für die Regierungspolitik die Gefahr, daß sie erkennen und zugeben müßte, daß sie mitverantwortlich an den Ursachen ist, die Rechtsorientierungen bei Teilen der Szene bedingen können. Deshalb hält man lieber möglicherweise falsche Bilder aufrecht und vorverurteilt weiter. Auf diese Weise werden die Skinheads zur Durchsetzung politischer Ideen funktionalisiert.

Skinhead zu sein hat jedoch für diejenigen, die dieser Subkultur angeh ö-ren, wie bereits bekannt, weniger mit Politik zu tun, sondern vielmehr mit einer Lebenseinstellung. Man will sich als Mitglied der "Working Class" abgrenzen von den "Spießern" und signalisiert dies durch inneren Zusammenhalt, Kam e-radschaft und Zuverlässigkeit.

So sind gemeinsame Parties eine der wichtigsten Attraktionen der Gru p-pierung. Sie verbinden die recht uneinheitliche Szene des gesamten Bundesg e-bietes. Alkohol und Musik spielen vor allem hierbei eine wichtige Rolle.

Anhand dieser Szenentreffs ist ein Unterschied innerhalb der Gruppierung erkennbar. Sie setzt sich zusammen aus den rechten Skins, die unter anderem nach wie vor die Ungleichheitsideologie von Mann und (Haus-) Frau vertreten.

Häufigst finden in den Treffs die Ritualien des "Koma-Saufens" mit a n-schließender Randale statt. Bei den als nicht-rassistisch einzustufenden (Sharp-, Red-, Anarcho-[207]) Skins haben sich die "Renees" - wie die weibliche Skinheads genannt werden - über diese sinnlose Freizeitgestaltung hinweggesetzt und e n-

---

[206] ebd.

[207] Sharp-Skin = "Skinhead against racial prejudice", was bedeutet "Skinhead gegen rassist i-sche Vorurteile; Red-Skin = sozialistisch oder kommunistisch orientierter Skinhead, der in seiner Militanz oft dem anderen politischen Extrem nicht nachsteht; Anarcho-Skin = anarch i-stisch, stellenweise extrem hedonistisch, orientierter Skinhead, der wie auch anarchistisch orientierter Punks jede Form der Herrschaft ablehnt - an letzterem wird die historische G e-meinsamkeit und bis zu Beginn der 80er Jahre vorfindbare Verbundenheit offensichtlich.

gagieren sich offensiv und kreativ innerhalb der Szene. Allerdings würde das
Thema der Emanzipation innerhalb der Skinhead-Bewegung nicht nur den
Rahmen des Kapitels sprengen, sondern vor allem besser von einer Frau g   e-
schrieben werden - ein männlicher Zeitgenosse sollte dann seinesgleichen bzgl.
des Umgangs damit befragen und interviewen.[208]

Fremdenfeindliche Gewalt geht allerdings nicht nur von der Subkultur der
Skinheads aus, sondern auch von weniger auffälligen Freizeit- und Freundescl i-
quen; analog hierzu kann formuliert werden, daß rechtsextreme Parteien ebe   n-
falls nicht nur von braunen oder schwarzen Uniformen tragenden Menschen g e-
wählt werden.

Die einer Clique zugeschriebenen Funktionen gelten sowohl für die Ski n-
heads, deren Einstieg in die Szene weniger aus politischen Gründen, sondern
aufgrund sozialer Mechanismen stattfindet, als auch für "normale" Cliquen[209].

Die Abgrenzung von anderen und das Erfahren von Gemeinschaftserle b-
nissen dient dem Jugendlichen zur eigenen Identitätsbildung. Die Funktion der
Abgrenzung kann auch durch eine innerhalb der Gruppe übereinstimmende p o-
litische Orientierung oder den Fremdenhaß zur Identitätsgewinnung beitragen[210].

4.5.4. Überleitung zu pädagogischen Interventionsmöglichkeiten

Festgehalten werden muß, daß der Mechanismus des Ab- und Vorverurteilens
bzgl. der Subkultur der Skinheads einzigst zur Ablenkung der durch diese zum
Ausdruck gebrachten Problematiken dienlich ist[211].

---

[208] vgl. Sonja Balbach, Wir sind auch die kämpfende Front - Frauen in der rechten Szene,
Hamburg, 1994 (Auf die Frage hin, ob die Frau nur im Haushalt zu sein hat, antwortet die
Befragte, sie sei auch die kämpfende Front und es störe sie, daß mit dem Begriff der rechten
Frau "Heim, Herd und Wiege, das (sei) doch alles Müll" in Verbindung gebracht werde.
S.79f.)
vgl. auch Franziska Tenner, Ehre, Blut und Mutterschaft - Getarnt unter Nazi-Frauen heute,
1.Auflage, Berlin, 1994 - dieses Buch darf nicht mehr vertrieben werden, da F.T. sich bei den
Interviews unlauterer Mittel bedient hat (mit oben gennanter Aussage inhaltlich überei n-
stimmt auch das Interview mit Anka Hübner, Ehefrau des damaligen Vorsitzenden der Deu t-
schen Alternative (DA), die über sich und ihren Körper bzgl. einer Abtreibung sich nichts
aufdiktieren lassen will, sondern autonom entscheiden möchte - S.112).
[209]vgl. hierzu Bundesministerium für Frauen und Jugend (Hrsg.), Fremdenfeindliche Gewalt:
Eine Analyse von Täterstrukturen und Eskalationsprozessen, Forschungsbericht von Helmut
Willems, Stefanie Würtz und Roland Eckert, Bonn 1993, S. 78-80 (BMFJ-Studie, 1993)
[210] vgl. ebd., S. 80
[211] Sonst wären 400 Skinheads und 950 Autonome in NRW eine willkommene Zielscheibe
jeglichen von rot-grün-schwarzer Politik verursachten Übels; allerdings soll nicht beschönigt
werden, daß bspw. die Studentendemonstration am 18.12.1997 in Bonn durch ca. 200 Aut o-

Desweiteren - allerdings wird hier nur auf das Thema verwiesen - läßt sich festhalten, daß lediglich das äußere Erscheinungsbild als Kriterium der Auseinandersetzung und "Ettikettierung" verwendet wird.

Das allerdings ist durch den Trend der schnellen Kommerzialisierung e i-nes Subkulturstiles müßig, da prinzipiell jeder zu jeder Zeit im Warenhaus sich seinen Subkultur-Stil kaufen kann.[212]

Gerade auch deshalb darf nicht jeder Jugendliche mit sog. Bomberjacken oder (die politisch zuweisenden Schnürsenkel sind wichtig) mit "Springer-stiefeln" als Nazi ettikettiert werden.

Zum einen würde nach dem labeling aproach - dem Etikettierungsansatz - dieses zu einer sich selbst erfüllenden Prophezeiung werden.

Zum anderen sollte dem moralisieren innerhalb der Pädagogik ein weitaus geringerer Stellenwert eingeräumt werden als der analytischen Betrachtungswei-se psycho- oder hier soziologischer Probleme.

Deshalb werde im folgenden mehrere pädagogische Möglichkeiten des Arbeitens mit (extrremistischen) Jugendlichen auf Grundlage der bisherigen E r-kenntnisse der in den vorhergegangenen Kapiteln analysierten Erklärungsansä t-ze betrachtet werden.

---

nome ihren gewalttätigen Ausklang fand oder das Skinheads als Zugehörige einer vemeintlich höher stehenden Rasse gegen alles "Undeutsche" vorgehen. (vgl.: Innenministerium des La n-des NRW, Verfassungsschutzbericht des Landes NRW 1997, Düsseldorf, 1998, S.166 und S.98)

[212] vgl. u.a. die Kommerzialisierung der ursprünglichen Punk- und Skin-Bewegung (Marken-Stiefel ab ca. 200,--DM aufwärts) oder besonders der "Gothic-Scene" - vgl. hierzu u.a.: "Schön schaurig: Gothic girls" in "Mädchen", 25/1997 vom 26.11.1997, München - hier kann man einfachste Stoffmäntel, die als "Gothic-Bekleidung" angepriesen werden, für 349,--DM erwerben.

5. Antifaschistische Verbandsarbeit

5.1. Einleitung

Als ein Ansatz der außerschulischen Jugendarbeit wird hier der der antifaschisti-schen Jugendarbeit dargestellt, der lange Zeit aufgrund der Erfahrungen und auf dem Hintergrund des Nationalsozialismus der am weitesten verbreitetste gew e-sen ist. Nach einer kurzen geschichtlichen Erläuterung des Begriffes "Antif a-schismus" soll exemplarisch die Kinder- und Jugendorganisation SJD-Die Fa l-ken, dargestellt werden. Dabei wird auch auf deren Selbstverständnis, die Gru p-pengestaltung sowie deren Zielsetzung eingegangen.

An dieser Stelle sei bereits vermerkt, daß eine Unterscheidung zwischen der antifaschistischen Verbandsarbeit und der antifaschistischen Erziehung in der Schule - auf welche an anderr Stele dieser Arbeit eingegangen wird - stat t-findet, da die Verbandsarbeit dem Prinzip der Freiwilligkeit, die Schule hing e-gen aber eine Einrichtung mit gesetzlich definiertem Charakter ist.

5.2. Historische und inhaltliche Definition des Begriffes 'Antifaschis-mus'

Um den Begriff 'Antifaschismus' zu erläutern, bedarf es der Erklärung seiner geschichtlichen Entwicklung.

Seinen Ursprung hat dieser Begriff wohl in der Politik der 20er und 30er Jahre. Zu jener Zeit wollte sich eine kommunistische Politik dem aufkomme n-den Faschismus beziehungsweise den bereits bestehenden, faschistischen S y-stemen entgegenstellen und umstürzen. Gleichzeitig diente diese "Antifa-Strategie"[213] zur Unterwanderung der sozialdemokratischen Arbeiterbewegung; der Begriff `Sozialfaschist` ist ein Indiz hierfür.

In der ehemaligen Deutschen Demokratischen Republik (DDR) entstand ein 'staatlich verordneter Antifaschismus', der vorgab, den Faschismus bis auf die Wurzeln ausgerottet zu haben. Es zeigte sich jedoch, daß Teile des dort pr o-pagierten Antifaschismus mit denen des Faschismus identisch waren, wie zum Beispiel der Aufbau von `Freund-Feind-Bildern`.

In der Bundesrepublik Deutschland (BRD) wurde der Begriff 1968 durch die sog. Studentenbewegung benutzt. Allerdings ist hierbei schon eine Veränd e-

---

[213] Arno Klönne, Abschied vom Antifaschismus?, in: Frigga Haug/Wolfgang Fritz Haug (Hrsg.), Das Argument, Zeitschrift für Philosophie und Sozialwissenschaften, Heft 4, Götti n-gen 1993, S. 583

rung bezüglich der Ursprungsbedeutung zu finden. Dies ist zum einen dadurch
bedingt, daß die historischen Bedingungen des Faschismus nicht genügend an a-
lysiert worden waren. Zum anderen wirkte der Antifaschismus der Studente   n-
bewegung gerade dieser Analyse entgegen, um eine 'neokommunistische' Or   i-
entieren zu legitimieren. Diese setzt sich zum Teil bis in die heutige 'autonome'
Szene fort und ist vielfach vom Deutungsmuster einer Geschichtswiederholung
geprägt.

Dennoch orientieren sich die wenigsten 'Autonomen' an einer parteiko   m-
munistischen Sicht beziehungsweise der "Wiederauflage der 'Antifa' aus den
Zeiten vor 1933"[214].

Der Antifaschismus habe, so die Autoren Alwin Meyer und Karl-Klaus
Rabe, die Funktion, als "Ausdruck des Eintretens für eine 'bessere, humanere,
demokratische Ordnung durch Aufarbeitung der Vergangenheit'"[215] zu stehen.

Mit der Veränderung der politischen Situation in den 80er Jahren hat sich
jedoch das Handlungsfeld des Antifaschismus geändert. Selbst der antifaschist i-
schen Szenen nahestehende Autoren erkennen, daß das Gleichsetzen des histor i-
schen Faschismus mit dem heutigen Rechtsextremismus und der dementspr   e-
chend ähnlichen Bekämpfungsstrategie zwar immer noch in dem Denken der
Antifaschisten überwiegt, gefordert wird allerdings ein anderes Verständnis der
Antifa-Arbeit angeglichen an die Veränderung des innenpolitischen Klimas a n-
schließen.[216]

Dadurch, daß sich anarchistische und linksextremistische Gruppierungen,
u.a. die sogenannten 'Autonomen', den Begriff des Antifaschismus zu eigen g   e-
macht haben, hat dieser Begriff in einigen Teilen der Bevölkerung allerdings
eine negative Bewertung erhalten. Hierzu trug allerdings auch die Verwendung
des Begriffes in den Verfassungsschutzberichten bei; in diesen wird der Begriff
- unabhängig von der ursprünglichen Bedeutung - ausschließlich in Zusamme   n-
hang mit linksmilitanten Gruppierungen verwendet.

---

[214] ebd., S. 583ff.

[215] ebd., S. 132

[216] vgl. hierzu Alex Hauff, Der alte Antifaschismus ist tot - Für ein qualitativ neues Verstän d-
nis, in: Frigga Haug/Wolfgang Fritz Haug (Hrsg), Das Argument,Zeitschrift für Philosophie
und Sozialwissenschaften,Heft 4, Göttingen,Juli/August 1993, S.589 - 595 - vgl. auch als N e-
gativ-Beleg sämtliche Ausgaben der Düsseldorfer `Stattzeitung`'"Terz", die in dem von Ba   k-
kes/Jesse beschriebenen Wahn <u>alles</u> als faschistoid betrachtet.

5.3. Antifaschistische Jugendarbeit am Beispiel der "Sozialistischen Jugend Deutschlands - Die Falken" (SJD)

5.3.1. Historie und Selbstverständnis der SJD-Die Falken

Die Sozialistische Jugend Deutschlands-Die Falken (SJD-Die Falken) wurden nach dem Zweiten Weltkrieg von ehemaligen Mitgliedern der beiden 1933 zer-schlagenen Organisationen "Kinderfreunde" und "Sozialistische Arbeiterjugend" (SAJ) gegründet.[217]

1904 bereits wurde in Berlin der unmittelbare Vorläufer der SAJ mit sozi-aldemokratischer Ausrichtung gegründet und nannte sich "Verein der Lehrlinge und jugendlichen Arbeiter Berlins".[218]

In den 20er Jahren wurde die sozialistische Erziehung erheblich ausge-baut. Der Österreicher Otto F. Kanitz gehörte hier zu den führenden Pädagogen, die neben dem Verein "Kinderfreunde" auch sozialistische Kinderheime grün-deten.[219] Kanitz wurde unmittelbar nach der `Angliederung` Österreichs 1938 festgenommen und starb 1940 im Konzentrationslager Buchenwald.

Die Erfahrungen während der NS-Herrschaft führten dazu, daß sich die neuformierte SJD inhaltlich in ihrer Arbeit mehr als bestätigt sehen konnten, allerdings war es kaum möglich, an dem personalen Netzwerk der 30er Jahre anzuknüpfen.

Die "Falken haben ihren Standort nach wie vor als linker, sozialistischer Kinder- und Jugendverband mit einer emanzipatorischen, nicht repressiven und auf Selbstorganisation beruhenden Erziehungspraxis."[220]

Aus diesem Selbstverständnis leitet sich ein Ziel der SJD-Die Falken ab;

---

[217] vgl. hierzu Wolfgang Uellenberg/Günter Rütz, 80 Jahre Arbeiterjugendbewegung in Deutschland, 1904-1984, Jugendpflege - Sozialistische Erziehung - Politischer Kampf, in: SJD-Die Falken - Bundesvorstand (Hrsg.), Dokumente, Nr. 25, Schriftenreihe der SJD-Die Falken, erweiterte Neuauflage, 1984, Bonn, S.58 - 65

[218] vgl. hierzu Uellenberger/Rütz, S. 10

[219] Otto F. Kanitz, Das proletarische Kind in der bürgerlichen Gesellschaft, , Frankfurt, 1974; dieser erstmals 1969 erschienene Band beinhaltet den Abdruck der beiden Hauptwerke Kanitz mit o.g. Titel (1925) und "Kämpfer der Zukunft" (1929). Das Vorwort hierzu schrieb Lutz von Werder, zur damaligen Zeit Mitglied im "Zentralrat der sozialistischen Kinderläden West-Berlin" und beschrieb Kanitz`Pädagogik positiv als "eine sozialistische Kinder-massenerziehung zum Klassenkampf", ebd., S.12

[220] Ralf Klein, Wir haben einen Vogel - Zur Modernisierung der Sozialistischen Jugend Deut-sachland, in: Deutscher Bundesjugendring (Hrsg.), Jugendverbände im Spagat - Zwischen Erlebnis uns Partizipation, Münster, 1994, S.132

es gilt ein kritisches Bewußtsein bezüglich des politischen und pädagogischen Handelns zu schaffen.

Ziel ist es ebenso "eine grundlegende Veränderung der bestehenden G e-sellschaft" zu erreichen[221]

In Anlehnung an die sozialistische Erziehung und den selbst erklärten An-spruch, antifaschistische Arbeit zu leisten, wurde der Begriff des Antifaschismus neu überdacht, da der "traditionelle Antifaschismus ... nur noch bedingt für u n-sere (gemeint ist die SJD-Die Falken, M.K.) heutige Auseinandersetzung mit dem Rechtsextremismus"[222] brauchbar sei.

Ziel ist es hierbei, durch eine Aufklärung über den Zusammenhang zw i-schen Faschismus und Kapitalismus letzteren zu überwinden, beziehungsweise kurzfristig eine Demokratisierung der Gesellschaft zu erreichen. Desweiteren soll durch die Erklärung des Zusammenhangs zwischen Faschismus und Patria r-chat die 'Feminisierung der Gesellschaft' gefördert werden.

Eine These zum Antifaschismus besagt, jugendliche Rechtsextremisten seien nicht die Gegner der SJD-Die Falken. Daß bedeutet, dem Problem des Rechtsextremismus unter Jugendlichen soll nicht mit Straßenschlachten, sondern durch argumentatives Auftreten, einer repressionsarmen Pädagogik verbunden mit einer 'emotionalen Einbindung' sowie durch die Schaffung einer Klassens o-lidarität entgegengetreten werden.

Die Inhalte und Methoden, eine 'sozialistische Gegenerziehung' zu leisten, bestehen darin, im Alltag, in der Jugendgruppe und bei der Arbeit untereinander Demokratie vorzuleben und somit erfahrbar zu machen. Dieses demokratische Verhalten soll sich also schon in alltäglichen Handlungen bemerkbar machen.[223]

---

[221] Selbstdarstellung der SJD-Die Falken, KV-Wuppertal in: Hrsg.: Arbeitskreis Nordstadt (Wuppertal), Nordpool, Ausgabe 0, März/April 1998, S.14

[222] SJD-Die Falken-Bundesvorstand, Antifaschistische Arbeit unter der besonderen Berüc k-sichtigung der Frauen- und Mädchenproblematik, Bonn, o.J., S. 9 - wenn kein Zusatz hinz u-gefügt ist, ist der Herausgeber der Bundesvorstand (BV) der SJD.

[223] Der Gruß "Freundschaft" soll nach eigener Aussage ein deutliches Beispiel hierfür sein. Vgl. auch SJD-Die Falken-Bundesvorstand (Hrsg.), Ideen, Materialien, Aktionen für Jugen d-gruppen gegen Rechtsextremismus und Fremdenfeindlichkeit, Bonn 1992, S. 4; mit dem Gruß "Freundschaft" beendete das Sekretariat des Zentralrates der FDJ seine Briefe an die FDJ- und Pionier-Einheiten.

5.3.2. Gruppenarbeit der SJD-Die Falken

5.3.2.1. Einführung: Methodik, Zielgruppe

Hinweise für Aktionen für die Gruppenarbeit erhält der Jugendgruppenleiter zum Beispiel aus der Broschüre "Ideen, Materialien, Aktionen für Jugendgruppen gegen Rechtsextremismus und Fremdenfeindlichkeit"[224]

Die wichtigste Rolle bei Aktionen gegen Ausländerfeindlichkeit und Rechtsradikalismus spielt anscheinend die Aufklärung über die Greuel des Faschismus sowie über seine Ursachen.

Barrieren zu Jugendlichen mit anderen Auffassungen sollen zwar nicht errichtet werden. Dennoch spricht der Verband eine Gruppe mit einer anderen politischen Einstellung nicht an, beziehungsweise der Verband wird nicht von dieser Gruppe akzeptiert und somit ausgeschlossen.[225]

So wird unter der Überschrift "Wen wir nicht erreichen"[226] ausdrücklich erklärt, daß "Jugendliche mit verfestigten rechtsradikalen und ausländerfeindlichen Ansichten keine Zielgruppe"[227] seien.

Allerdings seien hierbei die eigene Vorurteile zu überwinden, denn für den Verband sei nicht jede "Glatze" und jeder "Stiefelträger" ein 'Unansprechbarer'.[228]

5.3.2.2. Beispiele zur Gestaltung von Gruppenstunden bei der SJD-Die Falken

Um den Ablauf einer Gruppenstunde zu verdeutlichen wird im folgenden kurz auf einige Beispiele aus der Broschüre "Ideen, Materialien, Aktionen für Jugendgruppen gegen Rechtsextremismus und Fremdenfeindlichkeit" dargestellt werden.

---

[224] Bundesvorstand der SJD-Die Falken (Hrsg.) Bonn 1992.
In dieser Broschüre ist im Stil eines Karteikastens auf den Seiten 7 bis 40 ein Gruppenangebot für alle Phasen zu finden. Für die "Einstiegsphase" wird die Überprüfung vorhandenen Wissens empfohlen. Die "Inhaltsphase" könne Themen wie "Historischer Faschismus", "Rechtsextremismus in der BRD" oder "Lebenssituation der MigrantInnen in Deutschland" behandeln. Nicht aufgeführt wird ein Thema zur Auseinandersetzung mit der Lebenssituation von rechtsextremistisch motivierten Jugendlichen.
[225] vgl. hierzu ebd., S. 15 f.
[226] ebd., S. 16
[227] ebd.
[228] vgl. ebd., S. 16

5.3.2.2.1. "Das Eigene und das Fremde"

Thema der Gruppenstunde soll "Das Eigene und das Fremde" sein, als Methode wird u.a. "Musik hören" gewählt.

Da das Musik hören zu den beliebtesten Freizeitbeschäftigungen von Jugendlichen gehört, eignet es sich besonders zur Beschäftigung mit dem vorgeschlagenen Thema.

Dem Gruppenleiter wird empfohlen, eine Kassette mit Musikstücken verschiedener Stile und aus verschiedenen Kulturkreisen zusammenzustellen. Als Beispiel werden Lieder von Berthold Brecht, klassische, indische, jiddische, afrikanische, volkstümliche und rechte Lieder sowie Schlager der 50er Jahre und Blues-Stücke genannt.[229]

Im Anschluß an jedes Musikstück soll diskutiert werden, welche Empfindungen geweckt wurden, welche als ungewohnt, interessant oder befremdend erlebt wurden.

Zum Abschluß wird das gemeinsame Singen eines hebräischen Kanons vorgeschlagen.

5.3.2.2.2. "Historischer Faschismus und Nationalsozialismus"

Thema dieser Gruppenstunde soll der "Historische Faschismus und Nationalsozialismus" sein, als Methode wurde die Vorführung eines Filmes angeregt.

Sowohl Dokumentations- als auch Spielfilme sind ein brauchbares Mittel, um historische Kenntnisse zu vermitteln.

Bei Dokumentationsfilmen mit "Originalaufnahmen, die drastisch die Grausamkeit des Faschismus zeigen, kann es zu einer Betroffenheit kommen"[230].

Spielfilme haben oft den Vorteil, daß sie ein persönliches Schicksal schildern und so ebenfalls Betroffenheit auslösen.

Eine methodische Auswertung wird jedoch nur dann gelingen, wenn sich der Gruppenleiter im Vorfeld mit dem Inhalt des jeweiligen Filmes auseinandergesetzt hat und genügend Hintergrundinformationen besitzt, die er gegebenenfalls an die Jugendlichen weitergeben kann.

Denn bei dieser Phase sollen durch den Leiter allgemeine Zusammenhänge anhand der Filme verdeutlicht werden.

Als Beispiele werden hier "Das siebente Kreuz" von Anna Seghers oder "Der große Diktator" von und mit Charlie Chaplin genannt.

---

[229] Eine solche Kassette ist bereits bespielt beim Sozialistischen Bildungswerk erhältlich.
[230] ebd., S. 13

Innerhalb dieses Beispieles wird außerdem der Vorschlag gemacht, sich mit dem heutigen Rechtsextremismus auseinanderzusetzen.

5.3.2.2.3. "Situation von Migranten in der BRD"

Thema der Gruppenstunde soll hier die "Situation von Migranten in der BRD" sein, als Methode wird eine Diskussionsveranstaltung gewählt.

Hierzu werden Referenten verschiedener Parteien und Organisationen (zum Beispiel der Kirche[231]) eingeladen.

Die endgültige Auswahl der sich als Referenten zur Verfügung gestellten Personen erfolgt dann in Absprache mit dem Gruppenmitgliedern.

Dabei soll bedacht werden, daß sich die Diskussionsveranstaltung entweder zu einem Streitgespräch zwischen den verschiedenen Organisationen entwickeln kann, oder zum Zusammenschluß einzelner Organisationen mit gleichen oder ähnlichen Zielen zu einem Arbeitskreis.

5.3.2.2.4. "Kinderfest im Flüchtlingsheim"

Thema der Gruppenstunde soll hier ein `Kinderfest im Flüchtlingsheim` sein, als Methode wird die der Stadtteilerkundung gewählt.

Zu Beginn der Aktion soll ein langfristiger Plan entstehen, mit Hilfe dessen man den betroffenen Flüchtlingen in verschiedenen Situationen helfen kann.

Bei der Erkundung innerhalb des Stadtteils steht "natürlich das Flüchtlingsheim und die soziale Situation der Menschen in diesem Haus" [232] im Vordergrund.

Durch Gespräche und Einladungen wird zunächst eine Kontaktbasis aufgebaut.

Es wird auch abgeklärt, ob und wie Geschäfte, Sozialeinrichtungen und andere Institutionen zur Unterstützung angesprochen werden können und ob die Gefahr rechtsextremistischer Anschläge zu befürchten ist.

Bei diesem an der Gemeinwesenarbeit orientierten Ansatz ist das Ziel, die Situation aller im Stadtteil Lebender zu begreifen und zu verstehen, speziell die der Flüchtlinge. Hierbei sollen letztere ihre Kultur darstellen.

Zum Abschluß solcher Gruppenstunden ist außerdem eine Auswertung geplant. Das kann zum Beispiel durch die Erstellung einer Plakatwand gesche-

---

[231] Um den Rahmen dieser Arbeit nicht zu sprengen wurde auf die inhaltliche Überschneidung der kirchlichen antifaschistischen Arbeit und der Koopertaion verschiedener Verbände, Organisationen und Vertretern der Konfessionen verzichtet.

[232] ebd.

hen, an die jeder Bemerkungen zu den einzelnen Aktionen schreibt. Diese sollen diskutiert werden, um eventuell für weitere Aktionen Konsequenzen daraus zu ziehen.[233]

5.4. Kritik am Konzept der antifaschistischen außerschulischen Jugendarbeit

Jugendliche, die über die Zeit des Nationalsozialismus und heutige rechte Gruppierungen nicht genügend informiert sind, sind die wichtigste Zielgruppe der antifaschistischen Jugendarbeit.[234]

Hierbei soll eine weitere Wissensvermittlung die Stärkung der eigenen Persönlichkeit und Verarbeitungskraft erreicht werden, um es dem Jugendlichen zu ermöglichen, "Werbungsversuchen neonazistischer Gruppen" [235] zu widerstehen.

Allerdings wird auf konkrete Erfahrungen und Konflikte gerade rechtsextremistischer Jugendlicher nicht eingegangen.

Vielmehr scheint die antifaschistische Jugendarbeit durch ihre Angebote wie 'Solidaritätsfeten für Chile' diese Zielgruppe gar nicht zu berücksichtigen.

So wird lediglich versucht, den Jugendlichen vom Einstieg in rechtsextremistische Gruppierungen abzuhalten; einen Zugang zu bereits solchen Organisationen angehörende Jugendliche wird jedoch nicht erreicht.[236]

Die Autoren Meyer und Rabe bezeichnen die antifaschistische Jugendarbeit deshalb auch als "Zielen auf die Spitze des Eisberges" [237] und kritisieren außerdem, daß die meisten antifaschistischen Aktionen zu oberflächlich seien. Desweiteren bemängeln sie an der antifaschistischen Jugendarbeit weiter, daß die Jugendlichen oft mittels einer `Opferpädagogik` und "ähnlichen Schockmethoden"[238] mit einer Vergangenheit konfrontiert würden, mit der sie sich nicht identifizieren können.

Gleichzeitig erfolgen Stigmatisierungen durch 'Nazis raus'-Parolen, die dem Jugendlichen nur eine Konfrontationsfläche bieten, die er auch sucht.

---

[233] vgl. ebd., S. 40

[234] vgl. Institut für Sozialarbeit und Sozialpädagogik e.V. (ISS)/Informations-, Fortbildungs- und Forschungsdienst Jugendgewaltprävention (IFFJ) des Vereins für Kommunalwissenschaften e.V. (Hrsg.), Informationsdienst AGAG, 1/93, Berlin 1993, S. 15

[235] ebd.

[236] vgl. hierzu Heitmeyer, Rechtsextremistische Orientierungen bei Jugendlichen, 4. Auflage, 1992a, S. 199-201

[237] Meyer/Rabe 1980, S. 134

[238] ebd., S. 140

Durch diese Form der Belehrung und Stigmatisierung soll eine 'Umorientierung' der politischen Einstellung des Jugendlichen erreicht werden.

Diese o.g. 'Umorientierung' sollte jedoch nicht oberstes Ziel einer J   u-gendarbeit sein. Wichtiger ist die Auseinandersetzung mit den alltäglichen Pr   o-blemen und Konflikten des Jugendlichen.[239]

Daß dies bei der antifaschistischen Jugendarbeit nicht im Vordergrund steht, wird in der unten aufgeführten Kritik anhan dder konkreten Beispiel der Jugendarbeit der SJD-Die Falken aufgezeigt.

5.4.1. Kritik an der Jugendarbeit der SJD-Die Falken

5.4.1.1. Die "Nazi-raus!" - Pädagogik

Konkret bei dem Verband SJD-Die Falken ist erkennbar, daß sei bei dieser Form der stationären Arbeit der Aufbau einer Beziehung sowie die Überwindung von Distanzen und Unsicherheiten zwischen Jugendarbeiter und Klient in erster L   i-nie dem Jugendlichen selbst aufgebürdet.

Heitmeyer formuliert dazu: '"Wenn Du hierher kommst, dann mußt Du Dich -wenn auch in einem weiten Rahmen - unseren Situationsdefinitionen, R   i-tualen etc. anschließen. Wie Du das schaffst, ist im wesentlichen Deine S   a-che".'[240]

Ist ein solches Entgegenkommen von Seiten des Klienten nicht erkennbar, wird eine Stigmatisierung vorgenommen. Deutliches Beispiel ist die Auskla   m-merung rechtsextremistischer Jugendlicher als Ziel- und Ansprechgruppe bei der SJD-Die Falken. Die Beteuerung, daß hier nicht jede "Glatze" und jeder "Sti   e-felträger" - wobei diese Titulierungen schon verurteilend sind - gemeint sei, e   r-scheint eher künstlich. Bestrebungen zu diesen Jugendlichen hin sind nicht e   r-kennbar.

Eine solche "Nazi-raus!"-Pädagogik hat zur Folge, daß keine rechtsextr   e-mistischen Jugendlichen den Kontakt zu Jugendzentren suchen. Das kann übe   r-spitzt "als Ausweis besonderer pädagogischer Qualität"[241] gedeutet und versta   n-den werden. Dieser 'Qualitätsbeweis' führt wiederum bei dem Jugendarbeiter zu dem Eindruck, sich in seiner pädagogischen Anschauung bestärkt zu fühlen und (unkritisch) diesen Weg fortzuführen.

---

[239] vgl. hierzu ebd.
[240] W.Heitmeyer, 1992a, S. 203
[241] ebd.

5.4.1.2. Kritik anhand der konkreten Beispiele

Anhand von Musikstücken das Fremde zu entdecken kann auch schnell in das
Gegenteil umschlagen. Dann nämlich, wenn die einzelnen - ungewohnt erscheinenden -Musikstücke nicht aus ihrem Kultur- und Entstehungskreis heraus erklärt werden können. Auf diese Weise bestärken sie geradezu das "Anders- und
Fremdsein", da weder Sinn noch Intention verstanden und nachvollzogen werden können.

    "Betroffenheit auslösende" Filme über die Zeit des Dritten Reiches werden schon zu Gedenktagen immer wieder im Fernsehen gezeigt. Allein durch
diese 'Übersättigung' kommt es bei den Jugendlichen schnell zu einer Langeweile; oft ist diese noch mit einer Resignation bezüglich der Auseinandersetzung
mit der durchaus wichtigen Thematik verbunden.

    Zudem sind Filme, die Schicksale aus der Zeit des Nationalsozialismus
behandeln, für Kinder und Jugendliche oft nicht sinnvoll, da Kontext und Bezug
ohne genaue Hintergrundinformationen nicht verstanden und nachvollzogen
werden können. Wichtig ist, daß erkannt wird, wie die Vergangenheit die Gegenwart bestimmt, damit daraus die Notwendigkeit der Geschichtsauseinandersetzung begriffen wird.[242]

    Der oben dargestellte, an der Gemeinwesenarbeit orientierte Ansatz, ein
Fest mit allen Bewohnern eines Stadtteils zu veranstalten, wirkt - gerade weil
die Bewohner des Flüchtlingsheimes so hervorgehoben werden - wie eine Art
'Exotenbereich', der sich auch in das Gegenteil wandeln kann; dann nämlich,
wenn sich rechtsextremistisch orientierte Jugendliche gerade durch das Hervorheben der Flüchtlinge wieder einmal zurückgesetzt fühlen. So besteht die Gefahr, neuen Nährboden für Neid und Haß zu schaffen - das bereits in einer vom
BMFJ herausgegebenen Studie angesprochenen diffuse Gefühl der Benachteiligung 'Für die tut ihr alles, für uns aber nichts!' würde wieder vordergründig
werden.

    Darüber hinaus ist es nicht sinnvoll, eine solche Aktion in einer für Jugendgruppenleiter ausgewiesenen Broschüre vorzuschlagen. Denn allein die
Vorbereitung hierzu erfordert sehr viel Verantwortungsbewußtsein, Überblick,
Organisationstalent und vor allem Sensibilität, die ein Jugendgruppenleiter, der

---

[242] vgl. hierzu Meyer/Rabe 1980, S. 140 - deshalb ist auch die Auseinandersetzung mit dem
anderen totalitären System notwendig, auch wenn es hierbei oftmals zu einer wechselseitigen
Polemik kommt - vgl. die Diskussion bzgl. des "Schwarzbuch des Kommunismus", München,
1998 von Courtois u.a.

ein Mindestalter von 16 Jahren haben muß [243], nicht immer unbedingt mit sich bringt.

5.4.1.3. Das Ziel: der "schwärmerische Antirassismus"

Ein Ziel der SJD-Die Falken-Jugendarbeit ist - wie bereits erwähnt - die Schaf-fung einer kulturell vielfältigen Gesellschaft. Hieran knüpft auch die politische Forderung des Verbandes nach Schaffung von Antidiskriminierungsgesetzen zur Durchsetzung einer multikulturellen Gesellschaft an.

Vielmehr müssen auch die Betroffenen selbst aktiv werden. Erst dann ent-stehen neue Formen des sozialen Zusammenlebens, die gleichzeitig neue "Kon-fliktregelungsformen und -ansätze"[244] notwendig machen.

Diese daraus wünschenswerte `multikulturelle Konfliktforschung` muß zur Integration von Zugewanderten auch gleichzeitig die Probleme der Einhei-mischen berücksichtigen. Geschieht dies nämlich nicht, kann es passieren, daß bei zu großer Distanz zwischen den Betroffenen gerade auf ethnische Bedingun-gen zurückgegriffen wird, die sich dann gewalttätig entladen können.[245]

Lösungsmodelle, die durch innergesellschaftliches Nebeneinander auf Konfliktminimierung setzen wie zum Beispiel ein `schwärmerischer Antirassi s-mus` der den Begriff 'Antifaschismus' zumindest innerhalb der Politik weitest-gehendst abgelöst hat, dürfte hierbei wohl - isoliert angewendet - kaum weiter-helfen.

Der Ansatz der antifaschistischen Jugendarbeit ist nicht für die Zielgruppe der rechtsextremistisch, bzw. nach 'rechts' orientierten Jugendlichen geeignet. Durch eine Schaffung von Feindbildern, wie es der pädagogische Antifaschis-mus innerhalb der SJD-Arbeit geschehen läßt, besteht zusätzlich die Gefahr der Stabilisierung der subkulturellen Szene.[246]

Antifaschistische Erziehung und Bildung setzt die Bereitschaft voraus, sich im Sinne der Ausrichtung zu orientieren. Dieser Ansatz kann somit als be-

---

[243] Siehe hierzu Runderlaß des Ministers für Arbeit, Gesundheit und Soziales, Einführung eines bundeseinheitlichen Jugendgruppenleiterausweises in Nordrhein-Westfalen, Punkt 2.3, ergänzt am 18. März 1987, in: Jugendamt der Stadt Wuppertal (Hrsg.), Arbeitshilfen für Ju-gendgruppenleiter, Wuppertal 1987

[244] Wilhelm Heitmeyer, Die Gefahren eines "schwärmerischen Antirassismus" - Zur Notwen-digkeit einer differenzierten Begriffsverwendung und einer multikulturellen Konfliktfor-schung, in: Frigga Haug/Wolfgang Fritz Haug (Hrsg.), Das Argument, Zeitschrift für Philo-sophie und Sozialwissenschaften, Nr. 195, Heft 5, Göttingen, September/Oktober 1992b, S. 682

[245] vgl. hierzu: ebd.

[246] vgl. Albert Scherr (Hrsg.), Jugendarbeit mit rechten Jugendlichen, Bielefeld, 1992, S.12

grenzt prophylaktisch verwendbar bezeichnet werden. Bezogen auf extrem i-
stisch orientierte Jugendliche muß konstatiert werden, daß es vielmehr vorhe r-
gehender Schritte bedarf, die eine Integration des Jugendlichen erst ermögl i-
chen.

Um mit solchen Jugendlichen pädagogisch arbeiten zu können, ist es e r-
forderlich, "jene Blockade aufzubrechen, die aus einer falschen Identifikation
von Pädagogik und Politik erwachsen (sind) und so die pädagogische Praxis
unmittelbar dem Auftrag unterstellen, das pädagogische Mandat `antifaschist i-
scher`Politik zu erfüllen.[247]

Hierzu kann die Form der "Mobilen Jugendarbeit" (vgl. Krafeldt, vgl.
Specht u.a.) - konkret die zwei möglichen Arbeitsformen der stadtteilorientierten
Gemeinwesenarbeit und der Straßensozialarbeit (Streetwork) - sowie den Ansatz
der "Akzeptierenden Jugendarbeit" herangezogen werden, und die "Antifasch i-
stische Jugendarbeit" erst als letzten Schritt in dieser Reihenfolge ansehen.

5.4.2. Abschließende Gesamtbetrachtung und Gefahren

Neben der Nichteignung bzgl. der pädagogischen Arbeit mit rechtsextrem or i-
entierte Jugendlichen bleibt festzustellen, daß wenn der von der SJD praktizierte
Ansatz mit rechtsextrem orientierten Jugendlichen durchführbar wäre, es ledi g-
lich zu einem Austausch des Extrems käme.

Neben historisch belasteten Grußformen - hierauf wurde an anderer Stelle
bereits eingegangen - ist es ebenfalls interessant, daß zum einen Werbung für
die Sozialdemokratische Partei Deutschland (SPD) gemacht wird und von den
Mitgliedern gefordert wird, sich mit der SPD für die Durchsetzung der SJD-
Ziele einzusetzen[248]; andererseits werden gemeinsame Aktionen mit Vertretern
des vermummten Teils der autonomen Bewegung (sog. `schwarzer Block`) a n-
läßlich der Castor-Transporte sogar mittels Fotos festgehalten.[249]

Es bleibt festzuhalten, daß die historische Legitimation der antifaschist i-
schen Jugendarbeit gegeben ist, die praktische Umsetzung auf heute bezogene
Problematiken methodisch und didaktisch fragwürdig ist.

Verwunderlich ist daß ein Verband, der sich als links bezeichnet und z u-
gleich die Gesellschaft grundlegend verändernd will, im Bundesjugendring ve r-
treten ist und dementsprechend mit finanziellen Mitteln ausgestattet wird.

Ein rechter Verband mit vergleichsweise ähnlich `grundlegenden Verä n-
derungsabsichten` und Zielen konnte nicht vorgefunden werden.

---

[247] Albert Scherr (Hrsg.), Jugendarbeit mit rechten Jugendlichen, Bielefeld, 1992, S.18
[248] vgl Schlaglichter 1/1994, Umschlagseite, Hrsg.: SJD, Bonn sowie vgl.: AJ-Andere J u-
gendzeitschrift, 2/98, S.9, Hrsg.: SJD, Bonn
[249] vgl. AJ-Andere Jugendzeitschrift, 1/ 98, S.6-7, Hrsg.: SJD, Bonn

Zum anderen ist die Kooperation zu ideologisch mehr oder weniger nah e-stehenden Gruppen und Parteien pädagogisch destruktiv.[250]

Die Erziehung zu einem demokratischen Selbstverständnis wäre durch das Austauschen von Extremansichten ad absurdum geführt.

Jugendliche, die sich ihre Identität dadurch zu gestalten versuchen, daß sie sich betont "rechts" verhalten, werden sich somit - bedingt durch das Prinzip der Freiwilligkeit - kaum diesem Verband anschließen. Zudem werden sie durch diesen sowieso ausgegrenzt.

Parallellen der Extreme allerdings sind von SJD-Sommerlagern, die als Beleg dafür gelten, "wie facettenreich solidarische Gemeinschafterlebnisse mit Lagerfeuer, Natur, Zelte u.a. mit `moderner` Kultur und Medienarbeit (...) zu ergänzen sind"[251] zu Ferienlagern politisch anders ausgerichteter Verbände e r-kennbar. Gleiches gilt auch bzgl. der Kritik an Modeerscheinungen, die als "Zeitgeist" oder "Modeerscheinung des Superegoismus und Individualismus"[252] bezeichnet werden.

Das es (bisher) noch nicht flächendeckend gelungen ist, weitreichend J u-gendliche unter dem rechten Extrem zu mobilisieren darf allerdings nicht dazu führen, die dieses Kapitel abschließende Aussage zu ignorieren:

"Einer erfolgsorientierten Rechtspartei müßte es darum gehen, junge Menschen möglichst frühzeitig an sich zu binden und deren Entwicklung mit pädagogischer Hilfestellung positiv zu beeinflußen."

---

[250] Durch solche Irritationen bedingt können Autoren wie H.-H. Knütter – (seit emiritierter 1996) Professor für Politologie an der Uni Bonn - dann die Verknüpfung linker, christlicher und extremitischer Gruppen in einem Buch zusammen fassen ("Die Faschismus-Keule", Frankfurt, 2. Auflage, 1994) und dadurch besteht die Möglichkeit alle innerhalb eines Ko n-textes erwähnte Guppierungen zu diskreditieren.

[251] vgl. Ralf Klein, a.a.O., S.130

[252] AJ-Andere Jugendzeitschrift, 2/98, Bonn, S.21: Bezug genommen wird hier auf die brit i-sche Mädchengruppe "Spice Girls"; zu den Parallelen der Ferienlager und -berichte vgl. auch folgende Zeitungen:
- "Links und frei", SJD-Die Falken, Unterbezirk Herne, o.J.
- "Thema Freizeit", SJD-Die Falken, Bundesvorstand, Bonn, 1994
"Na klar-Jugendzeitschrift für Umwelt, Mitwelt, Heimat", Ausgabe 73 vom 31.März 1996, S.6ff. zum Bundeswinterlager,Hrsg.: Der Freibeuter e.V. (Bund Heimattreuer Jugend) BHJ, Göttingen
- "Na klar-Jugendzeitschrift..", Ausgabe 74 vom 31.Juni 1996, S.6ff. - Anmerkung: es gibt keinen 31.Juni!!!
- "Wikinger-Gestalt und Ausdruck volkstreuer Jugend", Hrsg.: Bundesführer der (seit 1994 verbotenen) Wiking-Jugend W. Narath, 1/94, Berlin, 9ff.

Hierbei könne man nach Auffassung der Autoren von "deutschen Linken" lernen, denn diese "lassen keine Gelegenheit aus, Jugend anzusprechen, einzu‌binden und damit auch für sie Zukunft zu formen."[253]

---

[253] "Nation und Europa - Deutsche Monatshefte", Coburg, April 1997, S.16f.

6. Sozialpädagogische Jugendarbeit - aufsuchende Konzeptionen

6.1. Mobile Jugendarbeit

6.1.1. Einleitung

In dem von Specht herausgegebenen Buch "Die gefährliche Straße - Jugendko n-flikte und Stadtteilarbeit" [254], sind Konzeption und Definition der Mobilen J u-gendarbeit ausführlich dargestellt.

Specht bezeichnet in diesem Buch den 1967 erstmals in der Bundesrep u-blik Deutschland erprobten Ansatz der Mobilen Jugendarbeit als eine "wi r-kungsvolle Alternative zu individualisierender Beratung und Therapie" [255]. Er sei zudem gleichzeitig breiter gefächert, als der, "häufig über eine prikelnde Ko n-taktaufnahmefrage" [256] nicht hinausgehende Jugendhilfeansatz der Streetwork. Dieser ist für Specht isoliert betrachtet nicht nützlich, da er zwar durch "Soziale Nähe, warme Gespräche und ein solidarisches Gefühl in der Brust" [257] gekenn-zeichnet sei, darüber jedoch nicht hinausgehe.

Specht erscheint es vielmehr wichtig, daß ein lebensfeldbezogener und ambulanter Jugendhilfeansatz praktiziert wird, der die Jugendlichen dort e r-reicht, wo sie auch anzutreffen sind. Dies solle vor allem durch die Arbeitsfo r-men der Street Work, der Clubarbeit und der Gemeinwesenarbeit (GWA) erfo l-gen, auf die ich später noch eingehe.

6.1.2. Definitionskriterien

Specht stellt für die Mobile Jugendarbeit vier Definitionskriterien auf:

Erstens ist die Mobile Jugendarbeit ein zielgruppen- und lebensfeldorie n-tierter Ansatz, der zum Ziel hat, gemeinsam mit den Jugendlichen Beratungs- und Hilfsangebote zu entwickeln.

Zum zweiten wird ein parteiliches Konzepte bezüglich der Zielgruppe durch die Arbeitsformen der Streetwork, der Clubarbeit und der (GWA) umg e-setzt. Innerhalb des Konzepts wird dabei auf die sogenannten 'informellen Fü h-rer' zurückgegriffen, die Bezugspersonen jeder Art sein können.

---

[254]Walther Specht, Die gefährliche Straße - Jugendkonflikte und Stadtteilarbeit, Bielefeld 1987
[255]ebd., S. 4
[256]ebd., S. 2
[257]ebd.

Desweiteren stehen die Interessenvertretung und die Veränderung sozial-ökologischer Lebensbedingungen bei diesem Ansatz im Vordergrund. Da sich die Mobile Jugendarbeit "als ein nicht-justitiell definierter anwaltlicher An-satz"[258] versteht, ist die zentrale Grundlage eine Vertrauensbasis zwischen dem Jugendlichen und dem Pädagogen.

Als viertes und letztes Kriterium - und zugleich wichtigstes Ziel - nennt Specht, den Jugendlichen ein politisches Verständnis entwickeln zu lassen, das es ihm ermöglicht, die Öffentlichkeit mit seinen Problemen zu konfrontieren.

6.1.3. Zielsetzung und Selbstanspruch Mobiler Jugendarbeit

Thiersch beschreibt in seinem Aufsatz "Jugendkonflikte und Stadtteilarbeit - Das Konzept der Mobilen Jugendarbeit" [259] Zielsetzung und Selbstanspruch von Sozialarbeit.

Demnach hat die Sozialarbeit allgemein - im Gegensatz zu sogenannten 'harten' Konfliktlösungsmechanismen (wie Strafe oder Disziplinierung) - zum Ziel, den Klienten mit seinen Problemen, Interessen und Bedürfnissen voll-kommen ernst zu nehmen. Hierbei sollen nicht zuerst die Probleme ins Auge gefaßt werden, die er der Gesellschaft macht, sondern diejenigen, die er mit sich selbst und der Gesellschaft hat.

Grenzen dieses Zieles werden allerdings durch gesellschaftliche Erwar-tungen gesetzt, da hier der Wunsch besteht, Konflikte möglichst ohne großen Aufwand zu beheben. Nachdrücklich werden solche Erwartungen dann unter-strichen, wenn ein Konfliktträger aggressiv und provokativ auftritt und in den Augen der Gesellschaft zudem eine geringe Leistungsfähigkeit (gleichbedeutend mit einem niedrigeren Status) hat.[260]

Eine weitere Grundlage des Arbeitsverhältnisses der Sozialarbeit ist, daß "der Einzelne Adressat der Hilfe ist" [261]. Oft genug aber werden Probleme des Einzelnen als Schädigung und ähnliches dargestellt. Die Problemlage des Indi-viduums wird auf diese Weise "als defizitär definiert und damit tendenziell pa-thologisiert"[262].

Thiersch stellt sich nun die Frage, ob Sozialarbeit durch das oben be-schriebene Konzept beeinflußt ist und war, in der Lage sei, alle auf Hilfe ange-

---

[258]Walther Specht, Jugendkonflikte als Herausforderung für sozialpädagogisches Handeln, in: Specht 1987, S. 25
[259]Hans Thiersch, Jugendkonflikte und Stadtteilarbeit - Das Konzept der Mobilen Jugendar-beit, in: Specht 1987
[260]vgl. ebd., S. 11 f.
[261]ebd., S. 12
[262]ebd.

wiesenen Jugendlichen zu erreichen. Er führt an, daß es einen Teil von 'harten' Jugendlichen gäbe, die diesen Formen der Sozialarbeit unzugänglich seien. "S o-ziale Arbeit rächt sich ihrerseits"[263] und überläßt solche Jugendliche anderen I n-stanzen wie zum Beispiel der Polizei und der Justiz.

Hier wird also gewartet, bis 'das Kind in den Brunnen gefallen ist', bezi e-hungsweise aus Jugend- und Beratungseinrichtungen verbannt wurde.

6.2. Formen der Mobilen Jugendarbeit

6.2.1. Stadtteilorientierte Gemeinwesenarbeit (GWA)

6.2.3.1. Merkmale

Eine kritische Betrachtung der oben angeführten Umstände führte dazu, daß sich neue Orientierungen innerhalb der Sozialarbeit/-pädagogik entwickelten.

Diese Orientierungen werden durch folgende Merkmale gekennzeichnet:

1) Soziale Konflikte werden als gesellschaftliches Problem angesehen. Hierzu gehören vor allem Probleme bezüglich der Armut und Arbeit s-losigkeit sowie weitere aus dem sozialökologischen Kontext.

2) Das hat zur Konsequenz, daß der einzelne in einer Problemlage nicht allein betroffen ist, sondern durch die Interaktion mit seiner Umwelt sozial geprägt ist.

3) Hilfe in solchen Situationen kann nur dann sinnvoll sein, wenn Sti g-matisierungen vermieden werden, und die Problemlösung dort ansetzt, wo es der Betroffene selbst nachvollziehen kann.

4) Hieraus ergibt sich, daß sich die Soziale Arbeit als Hilfe zur Selbsthilfe definiert. Dabei soll versucht werden, vorhandene Ressourcen zur Selbsthilfe bei dem Klienten zu entdecken und zu unterstützen.[264]

6.2.3.2. Notwendige Konstellationen

Oben genannte Grundannahmen prägen die Form der Stadtteilorientierten A r-beit, auch Gemeinwesenarbeit (GWA) genannt. Ihr Tätigkeitsfeld ist der Z u-sammenhang innerhalb sozialer Beziehungen und Vernetzungen. Dabei müsse, so Thiersch, auf die folgenden drei Konstellationen geachtet werden:

1) Adressaten dieses Arbeitsansatzes sind Jugendliche, die in ihrem s o-

---

[263]ebd., S. 13
[264]vgl. hierzu ebd., S. 13 f.

zialen Netz, der Bezugsgruppe, agieren und darin auch akzeptiert we r-
den müssen.

2) Das zweite soziale Netz, in dem im Rahmen der stadtteilorientierten
   Arbeit agiert wird, ist das derjenigen, die sich aus nachbarschaftlichen,
   freundschaftlichen oder ähnlichen Gründen in Problemlagen helfen.

3) Das soziale Netz aller Bewohner des Stadtteils, die vorhandene Ko n-
   flikte und Problemlagen erledigt und beseitigt sehen wollen, muß b e-
   achtet werden.[265]

Die stadtteilorientierte Jugendarbeit hat darauf zu achten, daß erstens die Max i-
men der besonderen Adressatengruppe der Belasteten, zweitens die des lokalen
Bezugsfeldes, innerhalb dessen die Arbeit verrichtet wird (also der Stadtteil),
und drittens die des Stadtteilverständnisses bezüglich der Struktur und seiner
Konfliktpunkte in ihrem Zusammenhang betrachtet werden. Eine einseitige
Ausübung der Arbeit, beispielsweise nur bezogen auf den Teil der Bewohner
des Stadtteils, die sich in einer besonders schwierigen Lage befinden, würde der
eigentlichen Zielgruppe nur bedingt dienen.

Specht formuliert hierzu:

"(...) stadtteilorientierte Jugendarbeit verfehlte sich, (...) wenn sie, in der
Konzentration auf solche Gruppen, den weiteren Bezug zu einer offensiven
Stadtteilarbeit versäumte".[266]

6.2.2. Straßensozialarbeit (Streetwork)

6.2.2.1. Zielsetzung

Um nun innerhalb der Konzeption der Mobilen Jugendarbeit die stadtteilorie n-
tierte Arbeit durchzusetzen und die Adressaten überhaupt zu erreichen, bedarf es
oft einer Vorarbeit [267] durch andere Arbeitsformen der Mobilen Jugendarbeit,
zum Beispiel der Straßensozialarbeit.

Durch die Methode dieser Arbeitsform sollen Jugendliche, die sich gesel l-
schaftlich ausgegrenzt fühlen, innerhalb ihres Lebensfeldes erreicht werden.
Hierbei ist Voraussetzung, daß der Adressat, der Straßensozialarbeiter und die
Gesellschaft eine gegenseitige Akzeptanz aufbauen können. Konkret durch Ei n-
zelfallhilfe wird versucht, drei Zielen nachzukommen. Diese sind:

---

[265]vgl. hierzu ebd., S. 14

[266]ebd., S. 15

[267]vgl. hierzu Johannes Jäger, Sozialarbeit auf der Straße - Konzeption einer alternativen Au f-
findungsmethode von deklassierten und/oder isolierten Menschen, in: DZI (Hrsg.), Soziale
Arbeit, 7/89, Berlin 1989, S. 258

1) "Verbesserung der Lebens-, beziehungsweise Überlebensqualität"[268];

2) gesellschaftliche Integration der Adressaten;

3) Abbau einer gesellschaftlichen Abwehrhaltung gegenüber den jugen d-lichen Subkulturen.

Die erste Zielgruppe sind die Jugendlichen, die noch nicht integriert sind. Sie müssen innerhalb ihres Umfeldes akzeptiert werden. Die zweite Zielgruppe sind die Jugendlichen, die bereist integriert sind. Sie sollen durch Aufklärung über die Ursachen von 'Randgruppenproblematiken' informiert und dazu aktiviert werden, Probleme tiefgreifender zu erkennen und anzugehen.

Eine erfolgreiche Straßensozialarbeit ist nur durch eine gezielte und abg e-stimmte Zusammenarbeit aller im Stadtteil präsenten Institutionen zu erreichen. Vor allem Absprachen mit der Polizei sind hierbei wichtig; denn sollte "der Aufbau eines Vertrauensverhältnisses zwischen randständigen Jugendlichen und einem Straßensozialarbeiter gelungen sein, könnte ein einziger unbedachter P o-lizeieingriff die ganze Arbeit zerstören und den Sozialarbeiter als verlängerten Arm der Polizei diffamieren.[269]

Der Kontakt zwischen Straßensozialarbeiter und Klient soll mittels einer Einzelberatung vertieft und die psychosoziale Lage des Adressaten aufgedeckt werden. Weiterhin soll der Klient zur 'Hilfe zur Selbsthilfe' motiviert werden. Durch schrittweises Eingliedern in den Stadtteil und in die Gesellschaft wird dann versucht, mit allen Betroffenen des Stadtteils eine gemeinwesenorientierte Arbeit zu begründen, die dann auch die Möglichkeit von traditionellen soziala r-beiterlichen Angeboten[270] einbezieht.

6.3.Akzeptierende Jugendarbeit mit rechtsextremistischen Jugendlichen

6.3.1. Definition

Der Begriff 'Akzeptierende Jugendarbeit' lehnt an die Begrifflichkeit der 'A k-zeptierenden Arbeit', wie sie aus dem Umgang mit Drogenabhängigen bekannt ist, an. Der Mensch wird hierbei in seiner jeweilige Situation hingenommen und akzeptiert. Es soll hierbei nicht der Eindruck des pathologisierens erweckt we r-den, sondern vielmehr dahin gehend akzeptierend gearbeitet werden, die rechte Jugendkultur eigenständig wahrgenommen.

Auf dieser Grundlage soll in gegenseitiger Auseinandersetzung ein Weg

---

[268]ebd., S. 246
[269]ebd., S. 247
[270]ebd., S. 258

zur Lebensplanung und -kontrolle gesucht und geschaffen werden. Die Bet o-
nung der akzeptierenden Jugendarbeit liegt hierbei darauf, sich den Problemen
eines Menschen vollständig zu widmen, statt durch bloße Aufklärung eine Ve r-
änderung erreichen zu wollen.[271]

6.3.2. Grundsätze

Die Grundsätze dieses Ansatzes gehen davon aus, daß eine gewünschte Integr a-
tion in die Gesellschaft bei den Jugendlichen dazu führt, daß die Bereitschaft zu
einer Verhaltensänderung zunimmt. Durch eine Integration in die Gesellschaft
soll eine Steigerung der Kompetenzen und Möglichkeiten des Einzelnen gleic h-
zeitig die Bedeutung rechtsextremistischer Orientierungsmuster verringern.[272]

Drei im folgenden dargestellte Grundsätze kennzeichnen diese Arbeit:

1) Das Angebot von sozial akzeptierten Räumen für die Jugendlichen
steht im Vordergrund. Dem geht im Vorfeld eine aufsuchende Mobile
Jugendarbeit voraus, um den Jugendlichen dort zu erreichen, wo er
sich aufhält. Hierbei steht die cliquennahe, dezentrale Arbeit an erster
Stelle.

2) Die Akzeptanz der Clique - welche gleichzusetzen ist mit der intensi v-
sten sozialen Bindung - stellt für den Jugendlichen oft die letzte soziale
Beziehung dar. Dabei soll die Clique vor allem in ihrer Ausdrucksform
ernst genommen werden, da diese für die einzelnen Mitglieder subje k-
tiv begründet und berechtigt erscheint. Dieser Grundsatz darf nicht mit
dem Ziel durchgeführt werden, die Clique pädagogisch zu besetzen
und zu zerstören.[273]

3) Ein weiterer Grundsatz ist der der Beziehungsarbeit. Hierunter wird
verstanden, daß diese auf gegenseitiger Annahme und Akzeptanz anderer Meinungen basieren muß. Umgesetzt wird eine solche Arbeit vor
allem in meist von den Jugendlichen gewünschten Einzelgesprächen,
in denen sie ernst genommen werden wollen. Hierbei ist zu beachten,
daß die Jugendlichen diese gerade in der Anfangszeit gerne durch
überzogene Äußerungen austesten.

---

[271]vgl. hierzu Franz Josef Krafeld, Straßensozialarbeit mit rechten Jugendlichen, in: Institut
für Sozialarbeit und Sozialpädagogik (ISS)/Informations-, Fortbildungs- und Forschung s-
dienst Jugendgewaltprävention (IFFJ) (Hrsg), Informationsdienst AGAG, 3/93, Berlin 1993,
S. 44 f.
[272]vgl. ebd., S. 72 f.
[273]vgl. hierzu ebd., S. 65

6.3.3. Gruppenübergreifende Zielsetzung der akzeptierenden Jugendarbeit

Ziel innerhalb der Akzeptierenden Jugendarbeit sollen zum einen eine Form der geschlechtsspezifischen und -reflektierenden Arbeit zu entwickeln. Hierbei ist bezüglich der weiblichen Jugendlichen ein Hauptziel, mit möglicherweise vo r-handenen Vorbehalten gegenüber feministischen Ausgangspunkten abzuschli e-ßen und diese zu überwinden. Bezüglich der Arbeit mit jungen Männern soll hinterfragt werden, in wie weit durch ihr Verhalten einer gesellschaftlichen Rollenverteilung nachgeeifert wird. Es soll außerdem aufgezeigt werden, welche Perspektiven sich für männliche Jugendliche ergeben, wenn sie ihre traditione l-len Vorstellungen vom Männlichkeitskult lösen.

Ebensowenig wie bei dieser Form der Jugendarbeit gegen Jugendliche Rechtsextremisten gearbeitet werden soll, soll gegen den Sexismus gearbeitet werden, denn: "Bloßer Antisexismus erscheint von daher nicht als eine ausre i-chende konzeptionelle Perspektive."[274]

6.4. Ausgewählte sozialpädagogische Projekte

6.4.1. Projekte innerhalb des "Aktioinsprogramm gegen -Aggression und G e-walt" (AgAG)

6.4.1.1. Erfurt 1992: "'Rechte` und `Linke` hingen am gleichen Seil"[275]

Nach Häufungen von Schlägereien zwischen Punkern und Skinheads wurde den Jugendlichen 1992 ein Baucontainer mit zwei Räumen und Platz für 20-25 J u-gendlich zur Verfügung gestellt. Der Vorwurf seitens der Bevölkerung, es hätte sich ein Versammlungsort von Rechtsextremen herauskristalisiert wurde durch die Sozialarbeiterin verneint, da die Ideologie außen vor bliebe.

Gewalt, Waffen und verfassungsfeindliche Aktivitäten abzulehnen sei a l-lerdings Voraussetzung dafür, daß den Jugendlichen mit Verständnis und Hilf e-angeboten entgegen gegangen wird.

Neben dem Ziel, äußere neonazistische Einflüße abzuwehren gehören zu den pädagogischen Vorstellungen "die Ich-Stärkung der Jugendlichen, die En t-wicklung von Selbstsicherheit und die Einübung demokratischer Konfliktl ö-sungsstrategien" zu fördern.

Um mit linken Jugendlichen zusammen zu kommen, unternahmen die S o-

[274]ebd., S. 88
[275] aus: "Konzentrierte Aktion Bundesjugendplan Innovationen" (KABI), Nr. 7, 30.9.1992, Kapitel 7.2., Hrsg.: Bundesministerium für Frauen und Jugend (BMFJ), Bonn - folgende Z i-tate stammen ausschließlich aus dieser Literaturquelle.

zialarbeiter den Versuch, ein Zusammentreffen beim Bungee-Springen zu org a-
nisieren.

Nachdem ein Sozialarbeiter als erster springen mußte sprangen auch die
anderen Jugendlichen. "Am Ende standen `Linke`wie `Rechte` einträchtig be i-
sammen, tranken Dosenbier und besprachen, was sie beim Springen erlebt ha t-
ten. Burgfrieden für einen Nachmittag.".

Fazit der Autoren der Eigendarstellung ist, daß Jugendliche demokrat i-
sches Verhalten erst erlernen müßten und außerhalb der Gewalt lernen, sich für
ihre Interessen einzusetzen. Hierzu sei die unvoreingenommene Diskussionsb e-
reitschaft notwendig.

6.4.1.2. Hoyerswerda 1994:" Links oder rechts oder was?"[276]

In dieser Stadt gibt es zwei Jugendeinrichtungen, die unter Jugendgruppen au f-
geteilt sind.

Neben der Betonung niedrigschwelliger Arbeit und den ersten Erfolgen
der Anfänge einer Selbstverwaltung in den beiden Jugendeinrichtungen
"Linxabbieger" (für 'Linke`) und "WeKa 10" (für `Rechte`) wird festgestellt,
daß die Konturen der politischen Ab-/ Ausgrenzung dahingehend verschwi m-
men, daß einige der Jugendlichen zu früheren Zeiten der anderen Jugendgruppe
zugehört haben und dann wechselten. Zum anderen wird festgestellt, daß J u-
gendliche beider Gruppierungen bspw. gemeinsamen Zivildienst ableisten und
das nicht als Hindernis ansehen.

Desweiteren wird konstatiert, daß die Blickrichtung links und rechts den
Blick zu den anderen `normalen`Jugendgruppen versperre und somit einen nicht
unerheblichen Teil der Jugendlichen des Stadtteils nicht erreiche.

Das Gewaltpotential wird als sehr hoch eingeschätzt, allerdings - so die
Sozialarbeiter - "verfehle auch `SoKo-Rechts, ein von Sachsens Innenminister
Heinz Eggert eingesetztes Sonderkommando der Polizei gegen Rechtsextremi s-
mus, nicht seine abschreckende Wirkung. Die Leute wüßten, daß Gewalttaten
jetzt verfolgt würden und das Vorbestrafte erstrecht keinen Arbeitsplatz bek ä-
men.".

Allerdings wird eingeräumt, daß eine Ursachenänderung der Gewalt hie r-
durch nicht geschehe. Gerade deshalb sei "Anerkennung, Geborgenheit und
Freundschaft" und das Unterlassen der politischen Einordnung notwendig.

---

[276] aus: KABI, Nr. 17, 13.5.1994, Kapitel 17.1 - die folgenden Zitate entstammen ausschlie ß-
lich aus dieser Literaturquelle.

6.4.1.3. Schwerin 1996: "Offener Jugendtreff `Brücke`[277]"

Die Zielgruppe des Projektes innerhalb eines Wohngebietes mit 10000 Men-schen in fünf Hochhäusern ist von ca.13jährigen bis zu jungen Erwachsenen hin ausgedehnt.

Hierbei konzentrieren sich die Aktivitäten auf "rechtsorientierte und ge-waltbereite Jugendliche" sowie "Kinder, die in der Gefahr der Ausgrenzung, Isolation (und) sozialer Bindungslosigkeit" stehen. Hiermit sind die acht bis zwölfjahrigen gemeint, deren Situation durch die eigene Biographie, überwie-gend jedoch durch die soziale Situation der Eltern gekennzeichnet ist.

Neben der Gewährung eigener Räume sind hierbei nicht politische Inhalte vorrangig, sondern praktische Ansätze wie Hausaufgabenbetreuung, Spiel-, Ba-stel- und Sportangebote, Freizeiten und verschiedene Arbeitsgruppen.

Die zu zweit dort arbeitenden Sozialarbeiterinnen bemängeln, daß eine zusätzlich geplante Stelle nicht qualifiziert besetzt werden konnte, wodurch sichd er Anspruch der geschlechts- und zielgruppenorientierten Arbeit relativie-re.

Gleichzeitig erhöhen sich die Anforderungen durch das Herantreten der Betroffenen bzgl. der Beratung in Krisensiruationen.

6.4.2. Die Wirkung von Anfangs-Projekten aus Sicht der Erziehungswissen-schaft 1993

Aufgrund der von der Öffentlichkeit gestellten Ansprüche und der innerhalb der Fachöffentlichkeit bestehenden Widersprüche erscheint es notwendig, die Wir-kung solcher Projekte zu beschreiben.

Hierbei wird unterschieden zwischen den Problemen, die die Jugendlichen machen, und denjenigen, die sie haben. Dem zunächst gestellten Anspruch, die Klienten politisch ändern zu können, wurde in der Praxis mit ernüchternden Äu-ßerungen begegnet wie "'Linke werden das nie!'"[278].

Deshalb nehmen die Probleme der Jugendlichen die zentrale Rolle ein. Hierzu zählen zum Beispiel auch angedrohte Haftstrafen gegen einzelne Ju-gendliche eines Stadtteils. Zunehmend wird auch die Beobachtung gemacht, daß die Jugendlichen nach und nach nicht mehr in der Lage sind, ihre Aggression nach außen hin zu äußern, sondern Formen der 'Auto-Aggression' - wie Alko-hol- und Drogenmißbrauch - entwickeln. Der physische und psychische Zustand der Klienten ist dann oft schon so zerstört, daß lediglich nach außen der Ein-

---

[277] aus: Informations-,Fortbildungs-Forschungsdienst Jugendgewaltprävention (IFFJ)/Institut für Sozialarbeit und Sozialpädagogik e.V. (ISS) (Hrsg.), Berlin, 1/96, S.66ff.
[278]Krafeld u.a., 1993, S. 135

druck entsteht, das Problem sei abgeschwächt; "differenzierendes Hinterfr a-gen"[279] sollte dennoch weiterhin praktiziert werden.

Vielen Problemen, die die Jugendlichen machen, kann dadurch entgege n-gegangen werden, daß man sich nicht auf hochgesteckte, unerreichbare Ziele konzentriert, sondern auf real erreichbare; auch trotz der Gefahr, sich hierbei vielleicht einer Wirkungsfrage gegenüber zu sehen.

Zu berücksichtigen ist außerdem eine Mißtrauensbasis gerade bei Vertr e-tern der "Anti-Bewegung" [280], deren jahrelanges Ziel die Schaffung "'nazifreier Zonen'"[281] war. Auf dieser Ebene wird oft mit der Unterstellung argumentiert, die Akzeptierende Form der Jugendarbeit fördere die Existenz rechtsextremist i-scher Organisationen.[282]

6.4.3. Zwischenbilanz über das AgAG von 1992 bis 1996 aus Sicht der Mita r-beiter[283]

Alleine die Tatsache, daß nach einem ersten Resumee Ende 1993 von 124 Pr o-jekten 123 weiter geführt und vom Bundesministerium für Frauen und Jugend (BMFJ) finanziell unterstützt wurden, dient als Beleg für die Nützlichkeit dieser Projektform. Diese Form habe gezeigt, daß es möglich ist, mit gewaltbereiten Jugendlichen erfolgreich zu arbeiten. Es sei ein Rückgang der gewalttätigen Handlungen zu verzeichnen, die durch Deeskalationsstrategien sowie das ve r-netzte Zusammenarbeiten von Polizei und Jugendarbeit möglich geworden sei.

Eine, von Kritikern der Projekte befürchtete, Stigmatisierung der Jugen d-lichen, im vornerein als gewalttätige Jugendliche zu gelten, habe sich, so die Autorin, nicht bewahrheitet; vielmehr sei erkennbar, daß sich ehemals politisch 'Gegenüberstehendende nun beginnen, sich mittels Gemeinmeinsamkeiten (M u-sik...) anzunähern und zu identifizieren und sich nicht mehr zueinander abgre n-zen. Hierzu sei anzumerken, daß die Adressatengruppe des Programmes mit t-lerweile auch linkextremistische Autonome einschließt, was als ein weiterer E r-folg einer neu konzeptionierten Jugendarbeit, die gewalttätige Jugendliche -fernab der politischen Coleur -anspricht, gewertet werden.

Desweiteren hätten die Jugendlichen gelernt, eigenverantwortlich, aktiv

---

[279]ebd.
[280]ebd., S. 136
[281]ebd., vgl. hierzu die Ausarbeitungen über die SJD-Die Falken
[282]vgl. hierzu Krafeld u.a., 1993, S. 136 f.
[283]Bei der fort folgenden Ausarbeitung werde ich mich auf folgenden Aufsatz beziehen: Irina Bohn, Das Aktionsprogramm gegen Aggression und Gewalt - Ein vorläufiges Fazit über Pr a-xis und Erfolge eines Sonderprogramms" , Jugendhilfe, 34/1996,S. 27ff. Frankfurt
Das Programm wurde 1992 durch die Bundesregierung anläßlich der Ausschreitungen in R o-stock 1991 zum ersten mal konzeptionell entworfen.

an der Gestaltung ihrer Umwelt beteiligt, selbstreflexiv und emotional stabil i-siert ihren Alltag zu gestalten.

Die zu jedem Projekt gehörenden Arbeitsgemeinschaften haben einen ho-hen fachpolitischen Einfluß. Dieser könnte als institutionalisierte Interessen s-vertretung für die Jugendlichen mit entsprechendem Spektrum angesehen we r-den.

Nicht zuletzt durch die Kontextsteuerung der Projekte habe das AGAG eine Organisationsform komplexer Modellprojekte geliefert, so daß es aus Sicht der Mitarbeiter als Lehrstück verstanden werden soll.[284]

6.4.4. Betrachtung aus Sicht der Erziehungswissenschaft 1997

1997 wurde das Gesamtprojekt in Form eines fünf-bändigen Werkes herausg e-bracht. Es wurde neben der Darstellung der Projekte, der Art der Trägerschaft und deren Finanzierung auch ein Band der wissenschaftlichen Begleitung des Projektes herausgebracht, der unter anderem Ergebnisse des Projektes statistisch ermittelte.

So wurden 500 Fragebögen an die Einrichtungen verschickt - dadurch, daß im Nachhinein eingestanden wurde, daß Fragebögen bereits bzgl. der Stic h-probe selektierend wirken, war "es (kein) Wunder, daß rund 80% der antwo r-tenden zwischen zwei und vier Jahren ihrem Jugendhilfeausschuß angehö r-ten."[285] Letztendlich kamen 199 Fragebögen zurück.

Diese Jugendauschußmitglieder waren in der Altersklasse der 25-45jährigen mit 59% vertreten, 31% waren älter als 45 und nur 9,1% waren jü n-ger als 25 Jahre.

Festgestellt wurde, daß 46% der Adressaten der Projekte zu de 15-19jährigen gehören, der Trend zur Verjüngung allerdings wird dadurch belegt, daß die 9-14jährigen mit 14% vertreten sind - die verbleibenden 40% werden altersmäßig nicht erwähnt und eingestuft.[286]

Bezugnehmend zur Thematik der Fremdenfeindlichkeit fanden die Wi s-senschaftler heraus, daß 17,3% es als `gut` empfänden, wenn vor ihren Augen Ausländer zusammen geschlagen werden und 15,7% halten es als gerechtfertigt, wenn Fremde innerhalb dieser Gesellschaft schlechter behandelt werden. Diese Ergebnisse werden in Bezug zu der 18%igen Vertretung Jugendlicher, ihre Cl i-

---

[284] Das Programm kostete in den Jahren 1991 bis 1993 bundesweit 20 Millionen DM.

[285] Lothar Böhnisch u.a. (Hrsg.), Das AgAG - die wissenschaftliche Begleitung, Ergebnisse und Perspektiven, Münster, 1997, S.188

[286] ebd., S.189

que sei als `rechts` und `rechtsradikal` einzuordnen - 10,2% bezeichnen sich als `links`- oder `linksalternativ`.[287]

Neben der an dieser Stelle aufkommenden Frage, weshalb rechts und rechtsradikal in ein Item gesetzt sind, ergibt sich des weiteren die Frage, weshalb von linksalternativ und nicht von linksradikal die Rede ist.

Besonders wichtig ist aber zugleich die Erkenntnis, daß lediglich 28% sich politisch über ihre Clique definieren und somit erkennbar wird, daß durch äußere Gewalttätigkeiten in Erscheinung tretende Jugendliche mit einem Prozentsatz von 72% nicht (!) politisch extremistisch motiviert sind.

In Anlehnung an Hermann Nohls pädagogischen Bezug des Jugendarbeiters zu den Jugendlichen wird formuliert, daß der in der sozialen und emotionalen Welt der Jugendlichen fehlende Bezug durch die Jugendarbeiter aufgefangen werden soll. Denn besonders "in der Gewaltthematik (...) wo es bei den Jugendlichen um massive Probleme von Nichtgebrauchtwerden und psychologischer Orientierung geht, stoßen wir heute auf die Notwendigkeit der `Wiedergewinnung des pädagogischen Bezugs` in der Figur des `relevanten und gesuchten` Erwachsenen".[288] Gleichzeitig wird eine Grenze dieser Arbeit eingeräumt, die sich unter anderem dadurch äußert, daß "sich (Jugendarbeiter) zu sehr als Anwalt der Jugendlichen" [289] sehen und somit die Grenziehung einer Akzeptanz bzgl. der Person und der Akzeptanz der Handlungen des Jugendlichen oftmals ineinander übergehen.

6.4.5. Kritische Betrachtung des AgAG - das Problem politischer Grenzziehung

Seit 1995 übernimmt nicht mehr der Bund alleine die Finanzierung, sondern es findet eine Mischfinanzierung von Bund, Ländern, Kommunen und freien Trägern statt[290]. Neben "qualitativ wie auch quantitativ bemerkenswerte(n) Ergebnisse(n)"[291], wird aber auch stellenweise massive Kritik an dem Programm geäußert.

Der gravierendste Kritikpunkt ist, daß durch diese Form der aufsuchenden Arbeit auf Angehörige der rechten Szene zugegangen wurde, und diese im Rahmen des Projektes als Sozialarbeiter eingestellt wurden und somit die rechtsextreme Infrastruktur stabilisiert werde. In "Akzeptierender Jugendarbeit"

---

[287] ebd., S.34ff.

[288] ebd., S174

[289] ebd., S.177

[290] vgl. Simon, Titus: Raufhändel und Randale - Eine Sozialgeschichte aggressiver Jugendkulturen und pädagogischer Bemühungen von 1880 bis 1995, Hrsg.: Fachhochschule Wiesbaden, 1995, S.317

[291] ebd.

verberge sich somit, so Simon, nicht selten das Konzept "gefährlicher Beliebi g-keit"[292].

Dieser Vorwurf wurde gerade auch von dem vermeintlichen politischen Gegner bekräftigt.

Jugendarbeit mit Rechten wurde in der Frage umgedreht, ob es sich um eine rechte Jugendarbeit handele, da bspw. zwei Streetworker in Cottbus als ehemalige Angehörige der "Nazi-Skin-Szene der DDR"[293] erkannt wurden.

Ebenso wurde im Rahmen eines Düsseldorfer Projektes ein "organisierender Neonazi" als das Projekt mitausbauender und zugleich als Bi n-deglied zwischen Sozialarbeiter und dem Klientel bezeichnet.[294]

Diese Erkenntnisse werden auf von szeneninterner Seite - hier durch bereits erwähnten Ingo Hasselbach - bestätigt. Hasselbach, der jahrelang als einer der führenden Neonazis in der Szene galt und mittlerweile ausgestiegen ist, äußert sich bezüglich eines Projektes in der Berliner Pfarrstraße 108 in dem ersten se i-ner bisher zwei erschienenen Bücher.

Dieses Sozialprojekt eines Diakons, der in autonomen Kreisen unter dem Begriff des `Nationalsozialarbeiter` bekannt wurde, versuchte Jugendliche d a-durch von rechtsextremen Aktivitäten abzuhalten, daß er mit ihnen sanierungsb e-dürftige Häuser renovierte. Neben Hasselbach und dessem Bruder wurde auch Frank Lutz, damaliger Vorsitzender der Nationalen Alternative (NA) sowie Mi t-glied weiterer Neonazis-Gruppen, von dem Verantwortlichen integriert.[295]

Desweiteren sei die `Notnagelfunktion` dieser pädagogischen Arbeitsform ein kaschieren der dem Programm vorhergegangenen Umstände: so wurden in den neuen Bundesländern viele Einrichtungen geschloßen, Jugendarbeiter wu r-den entlassen und die Gebäude verkauft oder anders verwendet.

Des weiteren kommt hinzu, daß die Auseinandersetzung mit den brisanten Themenbereichen des Nationalsozialismus von Mitarbeitern durch Alkoholpr o-bleme abgelenkt werden und diese in einem Interview der Zeitung "Spiegel" zugeben, daß sie sich einer politischen Auseinandersetzung machtlos gegenüber stehen sähen wegen mangelhafter Schulung.

---

[292] ebd.S.318

[293] Antifaschistische Info 21, März/April 1993, Berlin, S.15

[294] vgl. Antifaschistische Zeitung NRW, Februar-April 1994, Wuppertal, S.20 - dieser Neon a-zi war Mitglied der Skinhead-Band "Störkraft"; deren Manager saß als Fraktionsgeschäftsfüh-rer der Freien Wählergemeinschaft im Düsseldorfer Rathaus (vgl. Spiegel53/1992, S.43)

[295] Hasselbach/Bonengel, Die Abrechnung - ein Neonazi steigt aus, Berlin, 1993, S.110ff. - der Begriff des Nationalsozialarbeiter ist gerade in der Zeit 1992-1995 zu einer polemischen Bezeichnung innerhalb unsachlich endender Auseinandersetzungen zwischen solchen Soz i-alarbeitern und andersdenkender "Kollegen" oder auch unter Komillitonen geworden.

Ein Mitarbeiter des mobilen Beratungsteames "Tolerantes Brandenburg" bezeichnet auf der gleichen Seite der Zeitung 90% der Sozialarbeit als Anbiederung an die Jugendlichen und es sei " `absoluter Wahnsinn, diese Leute auf die Jugendlichen loszulassen`"[296]

6.4.6. Projektentwicklung und kritische Kurzbetrachtung

Erkennbar wird, daß sich die Projekte bzgl. des Adressatenkreises in den Jahren 1992-1997 erheblich erweitert haben.

Der - durch öffentlichen Druck und selbst gesetzte Ziele bedingte - Erfolgsdruck des Jahres 1992 war angesichts der Ausschreitungen verständlich, wohingegen die Form der Arbeit nicht den sozialpädagogischen Ansprüchen genügte.

Das Erfurter Projekt, welches Bungee-Springen als erlebnispädagogische Möglichkeit betrachtet, daß sich gewalttätig gegenüberstehende Jugendgruppen zueinander führen lassen, sind alltags- und lebensweltfremd und wirken als Aktionismus. Dieses Projekt ist bezeichnend dafür, daß die Pädagogik nicht als Politikersatz definiert werden sollte, denn wenn das "Kind in den Brunnen gefallen ist", kann Pädagogik nur reagieren.

Und eine Reaktion, die an Gelder gekoppelt ist erliegt einem noch höheren Erwartungsdruck.

Projektleiter in Hoyerswerda erkannten 1994, daß zum einen Freiräume jeder Gruppierung geschaffen werden müssen, daß zum anderen Parallelen erkennbar sind. Stellenweise gab es biographische Überschneidungen bzgl. der Gruppierungen, teilweise war ein unpolitisches zusammenleben und -arbeiten möglich. Gerade bei diesem Projekt wird deutlich, daß zum einen beide als politisch bezeichnete Jugendgruppierungen ähnlichen Problemlagen ausgesetzt sind, was wiederrum zeigt, daß - politisch klingende - Äußerungen Symptom und nicht Fundament einer Situation sind.

Desweiteren wurde gerade hier erkannt, daß der verengte Blickwinkel auf ausschließlich politische extrem definierte Jugendliche den Blick für andere verschließt.

Das Schweriner Projekt 1996 zeigt deutlich, daß aus den erstens Jahren des Aktionsprogrammes Konsequenzen gezogen wurden und der Richtungswechsel verstärkt an die unmittelbaren Folgen der Ursachen anschließt anstatt ausschließlich auf Symptome fixiert ist. Das gilt sowohl für die sozialpädagogische Freizeit- als auch Schulbetreuung.

---

[296] vgl.Spiegel 23/99 vom 07.06.1999, Hamburg, S.58

6.4.7. Das pädagogische Dilemma - Resignation versus Engagement?

Die Probleme, die Klienten habe, sind zumeist solche, die nicht ausschließlich innerhalb der pädagogisch geschaffenen Räume gelöst werden können.

Tiefer greifende Probleme wie Arbeitslosigkeit oder Wohnungsnot kön-nen nicht durch Einzelfallunterstützung beseitigt werden. Sie erfordern vielmehr "tiefgreifende gesellschafts- und sozialpolitische Konsequenzen"[297].

Gerade deshalb ist die innerhalb des untersuchten pädagogischen Arbeits-ansatzes beschriebene Strategie des sich Einmischens notwendig, bei der sich die Jugendarbeit nicht nur als 'Lobby-Vertreter' versteht, sondern als aktiver Unterstützer einer Demokratisierung der Gesellschaft.

Daß dieses Erlernen und Einhalten demokratischer Grundordnungen fruchtbar ist, muß auch im Sinne der Öffentlichkeit sein und deshalb von dieser gefördert werden. Der Umkehrschluß wäre es ansonsten, daß bei 'Nichtbewill i-gen' von solchen Projekten und den benötigten Geldern die Demokratie u.U. deshalb 'verkauft' wurde, weil das Hinnehmen politischer Umbrüche als nicht so schlimm angesehen werden würde wie die, nach außen hin, 'unzweckmäßige Verschwendung' von Steuergeldern. Bevor die Kanalisierung der Problemlage durch Extremisten weiter ausgebaut wird, ist das eine sinnvolle Investition.

Diese könnte dahingehend ausgebaut werden, daß eine Umverteilung der Mittel des Bundesjugendplanes zu Gunsten neuerer, kleiner und somit weniger gefestigter freier Träger praktiziert werden könnte.

Das hiermit verbundene Problem ist allerdings, daß die Entscheidungen darüber durch einflußstarke Umstände und Personen zustande kommen, die nicht durch Verterer kleiner Verbände initiiert bzw. gestellt werden.

Andererseits stellen sich bezüglich der Projekte eine weitere Fragen, nämlich inwieweit die Jugendlichen tatsächlich als eigenständige Person b e-trachtet werden, wenn einerseits die garantierte Finanzierung durch den Bund nun nur noch stellenweise geschieht, die Projekte somit immer erneut dem Druck der (beschönigenden) Repräsentation anläßlich der Gewährung von Ge l-dern ausgesetzt sind?

Die Prioritätensetzung ist somit eher im theoretischen, (sozial-) pädagog i-sche Fachdiskurs als weniger bei den praxisbezogenen Interessen der Betroff e-nen gesetzt.

Hieran schließt sich die ebenfalls unbeantwortete Frage an, was passiert, wenn man dem Anspruch des ernstnehmens dieses Klientels nachkommen will und gleichzeitig Projekte in der ersten (Kontak-)Phase aus Geldmangel nicht weiter führen kann? Vor allem damit verbunden: welche Auffassung entsteht in

---

[297]Hasselbach/Bonengel, 1993, S. 139

den Köpfen der Betroffenen und welche kontraproduktive Auffassung kann hierdurch bestärkt?

Des weiteren entsteht durch die Konzeption dieser Form der Jugendarbeit das Dilemma, Gewalt und extremistische Jugendphänomene als ausschließlich pädagogisches Problem darzustellen.

Somit ergibt sich ein hoher Erwartungsdruck an neu geschaffene pädag o-gische Aktionsprogramme und -projekte. Zum anderen wird hierdurch die politische Komponente verschwiegen, denn somit soll die außerschulische Jugenda r-beit, die (Sozial-) Pädagogik und die Institution Schule das Problem "lösen"; es findet also eine Entpolitisierung der Situation statt.

6.5. Notwendige Grenzziehung innerhalb der Pädagogik

Setzt man voraus, daß keiner der oben beschriebenen Ansätze allein das Pr o-blem des Rechtsextremismus in pädagogischen Arbeitsfeldern lösen kann, stellt sich unweigerlich die Frage, welche Stellung die Pädagogik innerhalb dieses komplexen Themenbereichs einnimmt, beziehungsweise einnehmen kann.

Werden wegen der öffentlichen Erwartungen Ziele zu hoch gesetzt - und ggf. nicht erreicht - ergibt sich laut Möller für die Politik die Möglichkeit, den 'Schwarzen Peter' eben an die Pädagogik abzuschieben. Daraus kann sich dann wiederum eine Art "Oberflächenheilung"[298] entwickeln, Symptome werden durch "sozialpädagogische Pflästerchen"[299] abgedeckt. Dies führt dazu, daß sich die in der Politik Verantwortlichen nicht mehr genötigt sehen, eine Ursachenb e-kämpfung durchzuführen.

Deshalb müssen (pädagogische) Grenzen aufgezeigt werden, die einerseits Ansprüche an die theoretische und praktische Pädagogik als auch die Politik und die erwartende Bevölkerung relativieren.

Zu diesen Grenzen, die auch bei der im folgenden analysierten Schulpädagogik eine, wenn auch wegen des "Zwangscharakters" dieser Instit u-tion, eingeschränktere Rolle spielen, nennt Helsper bezogen auf das Problem der "(Sozial-) Pädagogisierung der Gewalt"[300] die im folgenden kurz aufgeführten Aspekte.

Die Pädagogik ersetzt keine Politik, d.h., diese erste Grenzziehung ist d a-durch gerechtfertigt, daß soziale, politische und ökonomische Machtstrukt u-

---

[298]Kurt Möller, Jugendarbeit und Rechtsextremismus -. Gängige Verständnisse bröckeln we i-ter, in: Krafeld u.a., Jugendarbeit in rechten Szenen, Bremen, 1993, S.25
[299]ebd.
[300] Werner Helsper, (Sozial-) Pädagogische Programme gegen jugendliche Gewalt, in: Wi l-fried Breyvogel (Hrsg.) Lust auf Randale - Jugendliche Gewalt gegen Fremde, Bonn, 1993, S.234ff.

ren und Ungleichheiten jugendliche Gewalt bedingen, die Pädagogik allerdings auf kurze Zeit gesehen hierbei keine Veränderungen erzielen wird.

Die Lebenswelt des Klientel ist nicht ganzheitlich beeinflußbar; hieraus ergibt sich die Erkenntnis, daß pädagogisches Handeln nicht ausschließlich als Hilfeangebot verstanden werden soll; die Abhängigkeit des Klienten bezogen auf den Pädagogen wäre eher die Folge als das Erreichen der Selbstständigkeit des Klienten. Vielmehr sollte die Prämisse in dem Grundsatz der `Hilfe zur Selbsthilfe` gesehen werden.

Des weiteren muß aufgezeigt werden, daß Subjektgrenzen vom Pädagoge zum Klient existieren. Das bedeutet, daß pädagogische Projekte die Wah   r-scheinlichkeit gewalttätigen Verhaltens vermindern können, die Subjektstrukt u-ren des Klienten allerdings kaum berühren; vielmehr sei die Grenzziehung deu t-lich zu ziehen zwischen therapeutischen Ansätzen und der Pädagogik.

Im folgenden wird hieran anknüpfend der Frage nachgegangen, ob diese Grenzziehung auch in der im folgenden analysierten und erläuterten Schulpädagogik und deren Modell-Arbeitsformen vorzufinden ist, oder ob die Ansprüche eines Modells und die Praxis hierbei nicht stark differieren.

7. Schulunterricht und pädagogische Maßnahmen

7.1. Einleitung

"Anders als in der Familie (und zum Teil im Kindergarten) ist in der Schule der Unterricht und nicht die `Erziehung` das eigentliche Geschäft. Erzogen wird in erster Linie im Dienste eines reibungslosen Unterrichts."[301]

Diese Aussage wird im Verlauf dieses Kapitels revidiert werden, denn es gibt Konzeptionen, die über die Wissensvermittlung hinaus gehen.

Zuvor soll kurz auf die antifaschistische Erziehung innerhalb der Schule[302] eingegangen werden, wobei bereits hier darauf verwiesen sei, daß Historie und Verständnis des Antifaschismus bereits in der Ausarbeitung über die SJD-Die Falken zu finden ist.

Hieran anschließend erfolgt die Erörterung des Problems der Schule als "polis", innerhalb derer mehrere Ansätze in die politische Bildung eingebaut werden können.

Anschließend sollen einige Projektvorschläge knapp dargestellt werden.

7.2. Unterrichtskonzepte und theoretische Ansätze

7.2.1. Historische Kurzbetrachtung antifaschistischer Erziehung in der Schule

In den Jahren 1959/1960 kam es zu den ersten antisemitischen Schmierereien an Wänden jüdischer Friedhöfe, was zu einer Diskussion führte, wie dem entgegen zu treten sei.

Noch im Angesicht der Folgen des Krieges - die letzten Kriegsgefangenen waren erst 1955 aus der Sowjetunion entlassen worden und persönliche Schic k-salsschläge waren allgegenwärtig - kam die Frage des "Wieso" stark in den Vordergrund, da vermieden werden sollte, den Eindruck eines neu aufkomme n-

---

[301] Hans-Peter Nolting, Lernfall Aggression, Reinbeck, überarbeitete Neuausgabe, 1997, S.310
[302] Ich beschränke mich auf den Westen dieser Republik – eine Analyse der neuen Bunde s-länder und derer Pädagogen erscheint mir den Rahmen zu sprengen. "Alte Gesichter – Pol i-tisch schwer belastete Pädagogen aus alter SED-Zeit haben alle Säuberungen unbeschadet überstanden." titelt der Spiegel einen Artikel (35/92 vom 24.08.1992, S.69) – dieser Artikel hätte zu Beginn der 50er Jahre ähnlich erscheinen können.

den Faschismus zu erwecken, obwohl gleichzeitig die unpolitische Haltung der Jugendlichen betont wurde.[303]

Die pädagogische Reaktion hierauf war das Konzept der Aufklärung, welches bis zum Ende der 70er Jahre weite Verbreitung fand und erst dann neu überdacht wurde[304], in deren Richtlinien sich oftmals das Erziehungsziel der "Betroffenheit im Sinne eines emotionalen Angesprochenseins"[305] finde.

Nach außen hin in Erscheinung tretender Protest Jugendlicher äußerte sich in den 70er Jahren nicht durch die "Aktionsfront Nationaler Sozialisten/Nationale Aufbauorganisation" (ANS/NA) des 1991 an AIDS verstorbenen Michael Kühnen und des immer noch tätigen Christian Worch, obwohl dieses oftmals so dargestellt wurde.[306]

Vielmehr erschien als dasKernproblem bis Ende der 70er Jahre die Auseinandersetzung mit als unpolitisch einzustufenden, tlw. aber mit Ansteckbuttons der Hardrock-Gruppe "KISS" ausgestattete Jugendliche zu sein.[307] Die Gruppe "KISS" schrieb ihre letzten beiden Buchstaben wie die Sig-Rune der "Schutzstaffel" (SS) des NS-Regimes.

Politisch waren diese Jugendlichen deshalb nicht einzustufen, daß bis Ende der 70er Jahre Punks und Skinheads gemeinsame Zielvorstellungen und Provokationsmittel hatten.[308]

Die diesbezüglich geführte Auseinandersetzung war stellenweise ver-

[303] vgl.Peter Dudek, Jugendliche Rechtsextremisten-zwischen Hakenkreuz und Odalrune 1945 bis heute, Köln, 1985, S.86f. sowie: GEW Berlin, Antifaschistische Erziehung in der Schule, Frankfurt a.M., 1981, S.93
[304] vgl. Peter Dudek, Jugendliche Rechtsextremisten, Köln, 1985, S.89
[305] Hermann Giesecke, "Politische Bildung - Didaktik und Methodik für Schule und Jugendarbeit", Weinheim, 1993, S.53
[306] So z.B. in den vom DKP-unterstützten Weltkreis-Verlag herausgegebenen Bücher von Jürgen Pomorin/Reinhard Junge, "Die Neonazis" (1978) und "Vorwärts, wir marschieren zurück- Die Neonazis II", (1979), Dortmund
[307] vgl. GEW Berlin, 1981, S.102 sowie GEW Berlin, Neofaschismus - die Rechten im Aufwind, Berlin, 1.Auflage, 1979, S.163ff.; die Rockgruppe "KISS" machte durch tlw. an HJ-Lieder erinnernde Texte, vertont durch Hard-Rock-Musik, von sich reden. Bsp.: "Flaming youth" auf der Platte "Destroyer"(!) von 1976: "Unsere Eltern meinen wir sind verrückt/(...) Wenn sie nur wüßten,/ daß die flammende Jugend die Welt in Flammen setzen wird,/ weil unsere Fahne über alles schwebt.".
[308] Vgl. "Spiegel" vom 24.12.1979, S.84: "Violette gefärbte Haare, Hakenkreuze in zerlumpten Kleidern, SS-Runen oder durch die Wange gezogene Sicherheitsnadeln" als Kennzeichen der Punk-Bewegung - "faschistisch allerdings waren die Punks nicht" wird in demselben Artikel festgehalten.

gleichbar mit der Auseinadersetzung zu Beginn der 90er Jahre bzgl. der Ski   n-
head-Musik.

Dieses Eindringen in die Musikkultur bedingte dann - da vergleichbar mit
einer überzogenen Inanspruchnahme der emotionalen Betroffenheit - , daß di e-
ses "dazu führen (kann), daß sie (die Schüler, M.K.) sich emotional abscho   t-
ten".[309]

Dieses Abschotten liefert dann auch die Erklärung für die Ergebnisse e   i-
ner Umfrage der Jahre 1976/77, in der aus Schulaufsätzen an mehreren Schult y-
pen und in verschiedenen Altersklassen über Hitler zitiert wurde   [310]. Wenig I n-
teresse bzgl. der Vermittlung von Geschichtswissen zeigen die Schüler durch
Aussagen wie "Er hat von allen Bundeskanzlern die beste Politik in Deutschland
geführt", "Er war ein großer Politiker" oder "(Hitler) wollte Deutschland befre i-
en von allem Schmutzt, er fing damit an, daß er die Juden gefangen nahm, sie
folterte und erschoß und sie in die Gaskammern steckte."

Hierbei wäre die pädagogische Frage aufzugreifen, ob "die Unterrichtung
über die Zeit des Nationalsozialismus (nicht) bereits in die 7. oder 8. Klasse vo r-
zuverlegen sei und damit nicht erst im pädagogisch und unterrichtlich nicht so n-
derlich fruchtbaren 9. Schuljahr zu beginnen". Diese Frage ist bis heute weitest
gehenst im Raum stehen geblieben, die praktische Vorbereitung auf den Beru f-
seinstieg u.a. bleibt weiter außen vor (vgl. auch Kapitel 7.2.3.).

Ausgehend von der im weiteren Verlauf der Arbeit analysierten Frage,
daß "das Eingestehen eigenen Versagen von den Schülern eher mit Sympathi e-
zuwachs als mit weniger Autorität zuweisung honoriert" [311] werde, stellt sich die
Frage nach weiteren unterrichtlichen Möglichkeiten.

7.2.2. Unterschiede zwischen der außerschulischen und der Schulischen Pä   d-agogik

Da die Wirkung eines pädagogischen Vorgehens abhängig ist von dem Rahmen,
der dieses umgibt, sollen hier zunächst Unterschiede aufgezeigt werden, die es
verdeutlichen, daß außerschulische Ansätze andere Adressaten und somit Ric h-
tungen aufzeigen.

Nolting nennt den funktionalistischen Charakter des Schulunterrichtes als
ein wichtiges Kriterium der Schule; dem schließt sich auch Giesecke an, der der
Geselligkeit der Jugendarbeit das planmäßige Lernen der Schule entgegensetzt.

Besonders das Prinzip der Freiwilligkeit und das nicht-vorhandensein von

---

[309] Giesecke, 1993, S.54
[310] Dieter Boßmann, Was ich über Adolf Hitler gehört habe, Frankfurt a.M., 1977 - Zitate auf
Seiten 281, 288,
[311] ebd, S.21

Lernvorgaben ist bezeichnend für den Gegensatz der Jugendarbeit zur Schule;
erstgenannte kann "im Sinne der weltanschaulichen, bzw. politischen Grun d-
richtung ihres jeweiligen Trägers" [312] aktiv werden, während der Unterricht o b-
jektiv sein sollte.

Durch die Vorgabe der Lerninhalte innerhalb der Schule ist die praktische
Mitbestimmung der Schüler zwar geringer, kann aber unstetig wirkenden Gre n-
zen zuvor kommen und mehr objektiven Kriterien als momentanen und sich st e-
tig ändernden Wünschen gerecht werden. [313]

Hinzu kommt, daß die Schule durch diese Objektivität nicht an die Gefahr
herankäme, eine Politisierung der Jugendlichen zu mißbrauchen. Giesecke e   r-
wähnt an dieser Stelle nicht nur die "Hitler-Jugend" und die "Freie Deutsche
Jugend" (FDJ), sondern auch die in den 70er Jahren verbreitete "Mode (...) ju n-
ge Menschen bei jeder sich bietenden Gelegenheit gegen das `Etablishment` zu
aktivieren[314] - eine Ansicht, der sich allerdings Hartmut von Hentig entgege n-
stellt und behauptet, daß "kein Drittel der deutschen Professoria und gewiß kein
größerer Anteil der deutschen Schulbehörden" [315] den damals neuen Lehren o f-
fen gegenüber gestanden habe.

7.2.3. Schule und politisches Handeln

Wenn bis zu diesem Punkt der Arbeit festgehalten werden kann, daß sich die
Schule der gesellschaftlichen Welt durch die bloße Vermittlung von Wissen d a-
hingehend entfremdet, als das sie sich zur Gestaltung des Lebens nur noch b e-
schränkt eignet, dann stellt sich die Frage, inwieweit Schule zur Gestaltung der
Polis - des Zusammenlebens gleichgesetzter Bürger - beitragen könnte.

Giesecke - der selber für eine nichtphilosophisch definierte rationale pol i-
tische Aufklärung eintritt[316] - nennt hierzu drei Ansätze, die im Kern ihrer Au s-
sage im folgenden dargestellt werden sollen.

7.2.3.1. Problemorientierter Ansatz

Dieser Ansatz beinhaltet bereits die Schwierigkeit in sich, zu definieren, was
nun ein Problem im politischen Kontext ausmacht und was nicht. So kann von
einem Problem erst dann gesprochen werden, wenn es mit öffentlicher Wirkung
zu Sprache gebracht wird, wobei der "Begriff `Problem` (...) immer einen Ko n-

---

[312] Giesecke, 1993, S.103

[313] ebd., S.104f.

[314]Ebd., S.106

[315] Hartmut von Hentig, Aufwachsen in einer Welt, in der sich zu leben lohnt, in: Gerold Be k-
ker u.a. (Hrsg.), Neue Sammlung, Heft 2, Seelze-Velber, April-Juni, 1993, S.181

[316] Giesecke, 1993, S.54

flikt zwischen Personen und Gruppen in einem politisch-sozialen System (i m-pliziert) der auf widerstreitenden Interessen beruht."[317]

Das Problem als solches läßt Rückschlüsse auf Interessen desjenigen zu, der es definiert: Giesecke nennt das Beispiel einer gewalttätigen Demonstration zwischen der Polizei und den Autonomen; aus Sicht der Autonomen ist das ra n-dalieren bedingt durch gesellschaftlich verursachte Rahmenbedingungen, aus Sicht der Polizei liegt die Ursache in der Verwahrlosung der Täter.

Aus solchen Interessen lassen sich wiederum Ableitung bzgl. der weiteren Handlungen schließen - bei diesem Beispiel einerseits die Denunziation der 'Bullen' und das 'harte Durchgreifen' andererseits.

Ähnlich verhält es sich mit dem "Problem der Wanderungsbewegung und des Asyls", welches durch eine "Konfrontation zwischen Einheimischen und 'Fremden'" und der "Transzendentierung dieser unmittelbaren Erfahrung hin zum generellen Verständnis"[318] der Situation geschehen sollte.

Ansonsten würde die Aufklärung deshalb nicht geschehen, da sich durch ein mangelhaftes in Bezug setzen eine Borniertheit in der eigenen - nicht zwangsläufig abwertenden Einstellung - manifestieren würde.

Wichtigstes Kennzeichen der Aufklärung ist hierbei, daß sich diese auf einzelnen Positionen bezieht und deren Begründungen und Zusammenhänge bezieht und weniger auf bereits vorhandene Einstellungen seitens des Lehrers oder der Schüler. Dieses sei vielfach in den 70er Jahren praktiziert worden und wurde "mit einer merkwürdigen pädagogisch-moralischen Erklärung, daß es in der Pädagogik doch um das moralisch richtige gehen müsse"[319] gerechtfertigt.

Dementsprechend sollte bezogen auf rechtextrem denkende Schüler vo r-rangiges Ziel bleiben, Gesprächsbereitschaft diesen gegenüber zu signalisieren und ihnen "das sichere Gefühl vermitteln, als Personen auch dann akzeptiert zu werden, wenn ihre Ansichten den Lehrern gegen den Strich gehen".[320]

Der Lehrer sollte nach Giesecke zwei Rollen einnehmen: die des den Stoff vermittelnden Lehrenden und die des politisch bewertenden Mitbürgers, wobei er letztere "selbstverständlich nicht zur Agitation oder Indoktrination benutzen" darf.[321]

Hierdurch ergibt sich erst die Chance, die in sich logisch aufgebaute A r-

---

[317] ebd., S.64

[318] ebd., S.66

[319] ebd., S.68

[320] Sander, Rechtsextremismus als pädagogische Herausforderung für Schule und poltische Bildung, in: Verantwortung in einer unüberschaubaren Welt, Hrsg.: BzfpB, Bonn, 1995, S.218

[321] Giesecke, 1993, S.69

gumentationskette rechtextremen Denkens und in ihren "inhumanen Kons   e-
quenzen (...) argumentativ (zu) kritisieren".[322]

7.2.3.2. Konfliktorientierter Ansatz

Haben sich mehrere Probleme zu einen Konflikt mit einer `Handlungs- und G e-
gen-Handlungs-Dynamik`entwickelt, so besteht ein Konflikt.

Dieser Konflikt läßt sich nicht umgekehrt in die einzelnen Probleme au   f-
dividieren, da diese Probleme untereinander und miteinander in Beziehung g   e-
setzt werden und sich mit der Zeit manifestieren. Der konfliktorientierte Ansatz
setzt sich somit mit den grundlegenden Interessen von Menschen auseinander,
wobei diese dazu neigen, diese Interessen ausschließlich subjektiv zu betrachten
und wahrzunehmen.

Aufgabe der Pädagogik ist es hierbei eine "Differenzierung des Fragens"
zu erzeugen, Fragen also "aus einer objektiveren Sicht, wie sie etwa die Wisse n-
schaft vermittelt"[323].

Die dieser Aufgabe zugrunde liegenden Kriterien werden von Giesecke
als ein Grundkonsens einer strukturierten politischen Bildung bezeichnet:

a) verschiedene Problemdefinitionen erkennen und dadurch einen Pe   r-
    spektivwechsel im Denken der Schüler anregen;

b) unmittelbare und mittelbare Interessen eines Problems oder Konfliktes
    erkennen und eine Unterscheidung zwischen materiellen und immat e-
    riellen Interessen aufzeigen, da "immaterielle Interessen - nach Siche r-
    heit, Geborgenheit, Anerkennung, Freiheit von Angst - (...) unter U m-
    ständen engagierter vertreten werden können als materielle."[324];

c) Ursachenzuschreibungen dahingehend bewerten, als das diese losg   e-
    löst von weltanschaulich `wahren` und Ideologieunterstreichenden und
    komplexen Zusammenhängen betrachtet werden;

d) Abschätzung einer verantwortungsbewußten Handlungsstrategie aus
    den bisherigen Erkenntnissen sowie

e) diese danach zu gestalten, daß das "Handeln im Rahmen einer vorg e-
    gebenen Rechtlichkeit(...), (wobei auch der) Streit über Auslegungen
    des Rechtes"[325] miteinbezogen werden soll, zu geschehen habe.

Giesecke bemängelt, daß gerade dieser Ansatz von unspeziell qualifizierten Leh-

---

[322] Sander, 1995, S.220
[323] Giesecke, 1993, S.71
[324] Ebd., S.72f. - vgl. hierzu auch die Ausarbeitungen innerhalb der psychologischen Erkl   ä-
rungsansätze
[325] ebd., S.75

rern Schwierigkeiten bereitet und diese "statt sachlicher Analysen mor   alisch-pädagogische Gesinnung verbreitet haben." [326], wobei gerade dieser Ansatz in der Lage ist, neben Argumenten und Gedanken auch Gefühle treffen kann.

`Gefühle treffen` bedeutet hierbei allerdings nicht, Emotionen zu verstä r-ken wie es bspw. in der politischen Propaganda durch das bewußte Schüren b e-stimmter Ängste geschehe.

Auch beinhaltet dieser Aspekt nicht das Erwecken einer `Betroffenheit`, sondern vielmehr aufzuzeigen, wie sehr durch politische Agitation individuelle und kollektive Identität stiftet und somit dem einzelnen Sicherheit bietet.

Diese explizit auf die emotionale Ebene ausgerichtete Agitation und die hiermit sich entwickelnde und "emotional verfestigte Grundeinstellung ist durch rationale Aufklärung kaum tangierbar".[327]

Somit erklärt sich auch, weshalb es unsinnig ist, Hakenkreuztragende J u-gendliche dahingehend moralisch aufklären zu wollen, daß ihnen das gesamte Ausmaß des Regimes unter diesem Symbol dargestellt wird.

Das schwerwiegendste Problem dieses Ansatzes liegt in der Mobilisierung der Emotionalität, die ebenso ausufern kann.

Hierzu muß sich der Lehrer seines professionellen und distanzierten Standpunktes bewußt sein. Dieser darf sich ebensowenig mit Leidenschaftlic h-keit innerhalb einer Diskussion vermischen wie auch einer Selektion bzgl. Schüleräußerungen stattgeben; zusätzlich sollte er in der Lage sein, radikale Ä u-ßerungen in Problemlagen umformulieren zu können.[328]

7.2.3.3. Tagespolitischer Ansatz

Von Giesecke der eigentlichen politischen Handlung als am nahestehenst zu b e-zeichnen ist der tagespolitische Ansatz, der unmittelbare Konflikte aus dem Alltagserleben der Schüler beinhaltet.

Dieser Ansatz sollte gerade solche Konflikte behandeln, "die bei den Schülern eine hohe Motivation vermuten lassen, die andererseits aber auch einer

---

[326] ebd., S.77

[327] ebd., S.79

[328] Hieraus allerdings darf nicht geschlossen werden, daß diese Umformulierung auch in ande-ren (sozial-) pädagogischen Bereichen radikale Ausmaße annimmt: wenn ein Sozialarbeiter, der Kurse zum "Umgang mit Agressionen" erteilt, diese selbst nicht bewahrheitet ist es mit der pädagogischen Glaubwürdigkeit nicht allzu weit her. (vgl. Westdeutsche Allgemeine Zeitung – WAZ, vom 15.06.1999, Essen: "Anti-Agressions-Lehrer nach Prügelei verurteilt")

sorgfältigen sachlichen Aufklärung bedürfen, um Verständnis für die Beteiligten
zu erwecken und nach Kompromißfähigen Lösungen zu suchen."[329]

Als eines dieser Themen kann bspw. die Gewalt-, Extremismus- oder
Asylproblematik aufgeführt werden, auf die im Rahmen der Darstellung des
Projektes "Schule ohne Rassismus" kurz eingegangen wird.

Wichtigstes Merkmal ist bei diesem Ansatz, daß er auf wenige Schulstu n-
den beschränkt und vor allem ohne einen Bewertungsmaßstab vollzogen werden
kann. Wichtig ist hierbei die Herangehensweise an ein Problem und die Bea r-
beitungsweise desselben.

Somit kann dann tatsächlich freie Meinungsäußerung im Schulunterricht
geschehen, denn der Schüler ist in der Lage, sich seine Aussagen nicht dahing e-
hend zurecht zulegen müssen, daß sie der Auffassung der "political corectness"
des jeweiligen Lehrers angepaßt ist.

Die hieraus sich ergebende Konsequenz wird von Giesecke geschlossen,
indem er feststellt, daß wenn "moralisierend, einseitig Partei ergreifend, eben
`erzieherisch`(im Sinne der moralisch richtigen und `guten` Erziehung, M.K.)
vorgegangen wird, besteht die Gefahr, daß die Schüler das Vertrauen zur Inst i-
tution Schule und damit auch zu den Lehrern verlieren und sich jeder vernünft i-
gen Analyse verschließen."[330]

Dieser Vertrauensbruch könnte neben der moralisierenden Erziehung a l-
lerdings auch ebenfalls durch in sich als widersprüchlich auftrete Schulford e-
rungen entstehen, die somit tatsächliches demokratisches Handeln ebenfalls u n-
möglich erscheinen lassen.

"Demokratie in der Schule" wie sie durch die SJD-Die Falken gefordert
wird bedeutet, daß "jede/r SchülerIn und jede/r LehrerIn das Recht (hat), i h-
re/seine Meinung frei zu äußern", wobei eine Behinderung dieses demokrat i-
schen Grundgedankens laut Auffassung der Autoren durch die "Einschränkung
von SchülerInnenrechten genauso wie die Angst vor Berufsverboten (...)"[331] bedingt sei.

Dadurch bedingt, daß die politische Tätigkeit innerhalb der Schulen nur
dahingehend zu überwachen ist, daß keine neofaschistischen oder ähnliche,
nicht genauer definierte, Inhalte verbreitet werden, läßt sich der Rückschluß zi e-
hen, daß mit den `undemokratisch` erscheinenden Berufsverboten und deren
Bedrohung nicht Lehrer mit - nach SJD-Aufassung - "neofaschistischer" Parte i-
zugehörigkeit gemeint sein können.

---

[329] Giesecke, 1993, S.85

[330] ebd., S.86

[331] SJD-Die Falken, Schulpolitisches Programm, Dokument 36 der Schriftenreihe der SJD-
Die Falken, Bonn, 2.Auflage, Dezember 1994, S.61

Im Anschluß an die zu überwachende politische Tätigkeit und deren u n-genügende Definition und Auslegung schließt sich der Satz an, indem davon gesprochen wird, daß "Bevormundung, Bestrafung und Disziplinierung (...) in der Schule nicht stattzufinden" [332] haben, womit der Begriff der Demokratie i n-haltlich ausgehöhlt und somit nicht tatsächlich erlernbar ist. Diese Aushöhlung des Begriffes geht soweit, daß das bayrische Schulsystem - über das an dieser Stelle nicht weitere Ausführungen folgen - durch das, "was als Demokratie ve r-kauft wird (...) letztlich eine Diktatur"[333] darstelle und diese verschleiere.

7.3. Schule ohne Rassismus - ein Projekt zwischen Alltagserfahrungen und Moralisierung

Schule ohne Rassismus (SoR) ist ein bundes- und europaweit koordiniertes Projekt, welches durch mehrere Einzelprojekte an diversen Schulen eingerichtet und in schulischer Eigenregie praktiziert wird. Im August 1995 wurde es durch die Aktion Courage-SOS Rassismus eingeführt und seitdem stetig ausgebaut; in Belgien wurde dieses Programm 1988 als Reaktion auf Wahlerfolge der rechten Partei "Vlaamse Blok" konzipiert, in den Niederlanden wird es seit 1992 prakt i-ziert.

Letztendliches Ziel ist die alltagsbezogene Konfliktbearbeitung verbunden mit dem Ziel, die Auszeichnung "Schule ohne Rassismus" in Form einer Au s-zeichnung zu erhalten.

Bisher besitzen 33 Schulen diesen Titel, 300 Schulen nehmen an dieser Idee europaweit teil.[334]

7.3.1. Rahmenbedingungen des Projektes SoR

Ziel des Projektes ist es, "einen aktiven Weg zur Sensibilisierung für und zur Verhinderung von Rassismus ein(zu)schlagen." [335], wobei nicht der Fehler b e-gangen werden soll, rechte Schüler in eine Ecke zu stellen, sondern weiteres Ziel ist es, "möglichst sympathisch die Auseinandersetzung und Reibung mit anderen zu suchen und zu führen."[336]

---

[332] ebd., S.62

[333] SJD-Die Falken, Freundschaft-Zeitschrift für Kinder, Bonn, 2/98, S.17

[334] Laut telefonischer Aussage am 19.08.1998 von Frau Brigitte Rishmawi, die mit Ralf-Erik Posselt die Bundeskoordination für das Projekt "Schule ohne Rassismus", c/o Aktion Cour a-ge-SOS Rassismus, in Bonn leitet. Tel.: 0228/213061 und bzgl. der Europaangaben: SJD, Freundschaft-Zeitung für Kinder, 2/98, S.7

[335] Schule ohne Rassismus-Bundeskoordination (Hrsg.), Handbuch Schule ohne Rassismus, Bonn, 1995, S.5

[336] ebd., S.11

Als SoR darf sich eine solche Schule bezeichnen - Voraussetzung ist, daß die Schule sich bereit erklärt das sie hierzu auszeichnende Schild am Hauptei n-gang befestigt - wenn 70% aller Personen einer Schule die im folgenden kurz dargestellten Regeln unterschrieben haben und sich gleichzeitig dazu verpflic h-ten, "gegen Rassismus zu handeln und interkulturellen Unterricht anzuregen."[337]

Die Grundregel, auf die sich bezogen wird ist der Artikel 3 des Grundg e-setzes "Gleichheit vor dem Gesetz".

Hierauf basierend gelten die Regeln, sich dazu zu verpflichten, sich rass i-stischen Organisationen und deren Propaganda zu widersetzten und jeglichen Formen diskriminierender Möglichkeiten entgegen zu treten.

Gleichzeitig wird die Verpflichtung eingegangen, mittels organisierter Projekttage und interkultureller Feste andere Kulturen kennen zu lernen und d a-durch Vorurteile abzubauen. Hierdurch soll die Achtung der Menschenwürde wieder auf- und ausgebaut werden, wobei diese Achtung damit beginnt, "die Kulturen anderer Menschen ebenso wie die eigene Kultur zu erkennen, zu ac h-ten und zu respektieren."[338]

7.3.2. Pädagogische Begründung für SoR-Projekte

Die Konkretisierung des Arbeitsweges, gezielt etwas gegen Rassismus in Form eines positiven Arbeitsvorhabens durch Schüler-Eigendynamik zu tun "lädt zu offenen Reibungs- und Auseinandersetzungsprozeßen ein" und "erreicht damit vor allem auch jene, die sich bisher oft der Auseinandersetzung und der En t-wicklung konsens- und tragfähiger Positionen entzogen haben."[339]

Zudem wird erwähnt, daß Lehrern hierbei die Möglichkeit geboten wird, gesellschaftlich relevante Themen "ohne politisch-pädagogischen Druck" au f-zugreifen und bietet sich durch die Eigendynamik aus der Schülerarbeit "als ein Kooperationsmodell der Zusammenarbeit von Jugendarbeit und Schule an"[340].

Somit bleibt festzuhalten, daß dieses Konzept dem tagespolitischen A n-satz von Giesecke weitest gehenst entspricht und durch die unmittelbare Erfa h-rungs- und Erlebnismöglichkeit auch die emotionale Betrachtung eines Pr o-blems mit einbezieht.

7.3.3 Kritische Gesamtbetrachtung

1996 waren bundesweit 13 Schulen mit dem Titel SoR ausgezeichnet, 21 Sch u-

---

[337] ebd., S.29
[338] ebd., S.60
[339] ebd., S.63f.
[340] ebd., S64

len arbeiteten aktiv an den hiervon ausgehenden Projekten mit [341]; 27 Schulen waren bereits im Januar 1998 mit dem Titel SoR ausgezeichnet, 24 weitere Schulen beteiligten sich aktiv an Projekten; [342] im August 1998 hatten 33 Schulen o.g. Titel.

Es ist problematisch, dem sich selber zugefügten Erwartungen der Öffentlichkeit gerecht werden zu können, wenn einerseits die Projekte der Schulen überwiegend an den Personenkreis der 15jährigen aufwärts gerichtet sind (Musik-, Tanz-, Theaterprojekte, Aktionstage im Hooligan-Fanblock, Erinnerungen an die sog. Reichsprogrommnacht [343]) und zu anderen die Schirmherrschaft von Sportlern, Politikern, Medienvertretern und Künstlern i.w.S. die Erwartungen sehr hoch setzt.[344]

Sinnvoll ist der tagespolitische Ansatz der politischen Bildung gerade dort, wo das Miteinanderleben - und hierbei sich möglicherweise entwickelnde Konflikte - allgegenwärtig ist.

Sinnvoll ist es auch, sich öffentlich mit dem Rassismus auseinander zu setzen und sich gegen rassistische Dikriminierungen im Alltag zu wehren; das zu erlernen kann in der Schule vermittelt werden, da die Schüler hier ohne das Prinzip der Freiwilligkeit zusammen kommen und somit nicht im Vorfeld bereits eine wie in der Verbandsarbeit aufgezeigt Gruppenspezifische Unterteilung geschieht. Somit kann nicht wie bei der Wahl eines Verbandes oder einer Gruppe ein Konflikt umgangen oder verbands- oder konfessionsorientiert ideologisiert werden, sondern es besteht ein Handlungs-`Zwang` zur Lösung des Problems.

Rassismus und Fremdenfeindlichkeit können somit also durch Aktionen als nicht erwünscht bezeichnet werden und sich durch eine Schulübergreifende Projektiszenierung einer weiten Ablehnung gegenüber sehen. Allerdings stellt sich die Frage, ob aus der Erkenntnis der Gruppenpsychologie heraus sich dieses sehr stark an "Schirmherren" orientierte Projektreihe neben dem damit verbundenen Öffentlichkeitsdruck bestimmte Konflikte nicht thematisiert werden. Zum einen, weil sie aus dem Medienbild des Projektes herausfallen - alltägliche Konflikte manifestieren sich dann erst recht zu einem fremdenfeindlichen Verhalten

---

[341] aus: Schule ohne Rassismus-Bunndeskoordination (Hrsg.), Ideen, Projekte, Erfahrungen aus der Praxis von Schule ohne Rassismus, Bonn, 1996, S.25ff.

[342] aus: Schule ohne Rassismus-Bundeskoordination (Hrsg.), Der Weg ist das Ziel -Schule ohne Rassismus, Bonn, 1998, S.36ff.

[343] vgl. Schule ohne Rassismus-Bundeskkordination (Hrsg.): 101 Projektideen, Bonn, 1995

[344] so z.B. Franziska v. Almsick, Ignatz Bubis, Gabriele Behler, das WDR-Team des Radiosenders "Eins-Live", SMUDO von der Rap-Gruppe "Die Fantastischen Vier", "Die Prinzen", Doro Pesch (Hard-Rock-Musikerin), "Rocktheater N8chtschicht" oder Cem Özdemir (MdB);

- und somit die Vermutung naheliegt, daß ein "schweigender Teil" sich erst gar nicht artikuliert.[345]

Zum anderen könnte die gefährliche Einsicht aufkommen, daß mit Rap-Konzerten und Theaterstücken an den klassischen Gedenktagen Rassismus aus dem Alltag verbannt wird.

Hierbei stellt sich zusätzlich die Frage, ob sich dann die Form der Aufklärungsarbeit zu sehr manifestiert hat und der alltagstheoretische Ansatz zu sehr auf historische Fakten reduziert erscheint.

Ähnlich wie bei den im vorigen Kapitel aufgezeigten Konzeptionen ist eines der Hauptprobleme in dem an Finanzen gekoppeltem Erwartungsdruck zu sehen; bei diesem Ansatz kommt hinzu. daß die Aufklärungsarbeit einen zu hohen Stellenwert einnimmt und auf heutige Problemlagen nicht anspricht.

Entgegen der antifaschistischen Arbeit ist der Alltagsbezug hierbei weniger ideologisch geprägt. Hinzu kommen die sozialpädagogischen Elemente der akzeptierenden und mobilen Jugendarbeit, die die Erreichbarkeit Jugendlicher durch Alltagserfahrungen mit anderen Kulturen wahrscheinlicher werden läßt als bei der stark ideologisierten SJD-Arbeit.

Wenn allerdings ein neuer - noch Modellhaft inszenierter - Weg des Schulunterrichtes gesucht wird, dann sollte er die Gruppendynamik einer solchen Arbeitsform stärker berücksichtigen und nicht verkennen, daß nach außen hin nur eine Gruppenmeinung, nicht aber das tatsächliche Interesse am einzelnen, vorherrschend ist.

Individuelle Ansätze müßten unbedingt in dieses Programm konzeptionell eingebunden werden, um die "Privatisierung des Denkens"[346] dahingehend zu verringern, daß die Entstehung eines Gemeinsinnes möglich wird – hierbei wird gleichzeitig durch eine Enttabuisierung der an den Gemeinsinn anknüpfenden Begriffe wie bspw. "Gruppenzusammenhalt" (Team-Geist/ "team-cooperation) extremistischen Vertretern die bisher interessant wirkende Basis entzogen..

Hinzu käme dann, daß die Ausbildung von Lehrern stärker (sozial-) pädagogisch geschehen müßte und würde von der anderen Seite verlangen, eine solche Einsatzbereitschaft fernab des "Frontal-Unterrichtes" aufzubringen.

Aufgrund dessen, daß Lehrer oftmals in zu überfüllten Klassen mit 30 und

---

[345] Hierbei sind Vorbehalte aller Beteiligten einzubeziehen; Konfliktpotentiale anderer Kulturen dürfen hierbei nicht länger vernachlässigt werden wie auch Vorbehalte gegenüber (Un-) Sitten, die sich innerhalb dieser Gesellschaft manifestiert haben. Ansonsten würde die "multikulturelle Konfliktforschung" (vgl. Heitmeyer) niemals Früchte tragen. Der Begriff "Deutschländer" (türkisch: almanci) seitens in der Türkei lebender Menschen gegenüber in Deutschland lebenden türkischen Mitbürger kennzeichnet bspw. diesen Konflikt.
[346] vgl. Neil Postman, Keine Götter mehr – Das Ende der Erziehung, München, 1997, S.78

mehr Schülern überfordert sind, könnte auch auf die sinnvolle Erweiterung der Schulsozialarbeit und die damit verbundene Schaffung weiterer (Sozial-) Pä d-agogen-Stellen zurück gegriffen werden.

Somit könnte eine wünschenswerte systemische Betrachtung des einze l-nen Schülers eher gewährleistet werden.

8. Erziehung und Arbeitswelt – Modelle außerhalb der herkömmlichen Pädagogik

8.1. Zwischenbilanzierung und grundlegende Einleitung

8.1.1. Zwischenbilanz der pädagogischen Maßnahmen

Aufgezeigt werden konnte in den vorangegangenen Kapiteln, daß sowohl die antifaschistische Verbandsarbeit als auch sozialpädagogische aufsuchende Konzeptionen wie auch schulische Modelle für sich isoliert betrachtet dem behandelten Problem nicht gerecht werden können.

So unterliegt die Verbandsarbeit dem Prinzip der Freiwilligkeit und grenzt (sich selbst) somit bestimmten Jugendlichen gegenüber aus.

Aufsuchende Sozialpädagogik hat den Vorteil des Handelns "vor Ortes", muß sich seine Grenzen aber dort eingestehen, wo gegen organisierte politische Strukturen vorgegangen werden muß. Zudem stellt sich neben dem hohen öffentlichen Erwartungsdruck die Frage nach der Effizienz und Attraktivität, denn auch diese Ansätze bieten primär ein "Auffangbecken" für Jugendliche, welche eine Anfälligkeit zum politischen Extremismus zeigen könnten.

Modelle in der Schule bieten den Vorteil, daß sie zwar den Jugendlichen an die Institution begunden glauben, aber auch hierbei stellt sich die Frage nach der Effizienz, wenn lediglich innerhalb eines Rahmens - welcher nur einen Teil des Lebens Jugendlicher beherrscht - aggiert werden kann.

Ebenfalls von nicht geringer Bedeutung ist der hiebei herrschende Öffentlichkeitsdruck, welcher somit die eigentliche pädagogische Intention - die Befähigung zu einem eigenverantwortlichen Leben und die Bereitschaft zu wecken, sich dieser Herausforderung zu stellen - ad absurdum führen kann. Führt der Druck der Öffentlichkeit nämlich so weit, daß mit dem Verteilen von Auszeichnungen signalisiert wird, es geschehe etwas gegen Rassismus und somit gegen die Wurzel des Rechtsextremismus, so besteht die Gefahr, deren Ursachen aus dem Auge zu verlieren.

Diese Ursachen sind nicht pädagogisch lösbar, können aber mittels pädagogischer Methoden bewußt gemacht werden und erhalten somit die Möglichkeit, sich innerhalb eines demokratischen Streitprozeßes bewußt gemacht zu werden und somit einen Schritt der Veränderung einzuläuten.

Gleichzeitig muß aber auch von der Ursachenablenkenden Meinung Abstand gewonnen werden, das Verhalten der Jugendlichen sei ausschließlich politisch motiviert und es handele sich um "Nazis", "Chaoten" oder ähnliches.

8.1.2. Pädagogik als schnelles Heilmittel?

Desweiteren erscheint es problematisch, das Problem des Rechtsextremismus immer nur dann politisch und pädagogisch hervorzuheben, wenn es einen akuten Anlass hierzu gibt - so z.b. Verbrechen an Opfergruppen rechtextrem motivierter Personen, das Auftreten wehrpflichtiger Soldaten im November 1997 oder der Wahlerfolg der DVU im April 1998.

Prävention, verbunden mit einem sensibilisierten Bewußtsein für das Problem, kann nicht ausschließlich in pädagogischen Handlungsfeldern geschehen.

"Politische Bildung kann nicht nach Belieben gerufen werden, um akute Brände in Gesellschaft und Politik zu löschen. Gesellschaftspolitische Probleme müßen letztlich politisch, nicht pädagogisch gelöst werden. (...) (Die Hauptaufgabe der Pädagogik) liegt eher in der präventiven pädagogischen Arbeit oder, um im Bild zu bleiben, im vorbeugenden Brandschutz."[347]

8.1.3. Grenzen der Pädagogik und "Sinngebung"

Oben genannte Ansätze besitzen nicht zu allen Jugendlichen/jungen Erwachsenen eine Zugangsmöglichkeit.

Der hierbei angesprochenen Jugendliche sucht freiwillig Verbände auf, wird nach öffentlichkeitswirksamem Auftreten aufgesucht oder befindet sich in der Institution Schule, die er aufzusuchen hat und die gleichzeitig ihn bzgl. des Themas aufsucht.

Ausgeschloßen sind hierbei junge Menschen, die aus allen o.g. Institutionen herausfallen, weil sie keinen Verband aufsuchen, nicht in die Öffentlichkeit treten weil sie introvertierter sind oder resigniert haben, sich nicht mehr in der Schule oder einer vergleichbaren Institution befinden (wollen) und somit Arbeits- oder Lehrstellenlos und somit am untersten Rand der `Sozialleiter` anzutreffen sind.

Als wichtigste Ursache jugendlicher Gewalt erscheint bspw. Hartmut von Hentig das "Nicht-gebraucht-werden". Er geht davon aus, daß es wichtig für den Jugendlichen ist, von der Gesellschaft vermittelt zu bekommen, daß er als Person und als Arbeitskraft gebraucht wird. Er muß erkennen können, daß er "der Gemeinschaft für diese Aufgabe wichtig"[348] erscheint und eine ihm zugewiesene und seinen Fähigkeiten entsprechende Tätigkeit zu seiner und zur gesellschaftlichen Zufriedenheit erfüllt.

---

[347] Wolfgang Sander, Rechtsextremismus als pädagogische Herausforderung für Schule und politische Bildung, in: BzfpB (Hrsg.), Verantwortung in einer unübersichtlichen Welt, Schriftenreihe Band 331, Bonn, 1995, S.216
[348] Hermann Giesecke, Aufwachsen in einer Welt in der sich zu leben lohnt, a.a.O., S. 187

Das "Nicht-gebraucht-werden" bedeutet, daß ein Jugendlicher jedoch e r-kennen muß, daß die Gesellschaft ihn - oft bis zum 25. Lebensjahr und darüber hinaus - nicht einsetzt und fordert, also nicht braucht.

Die so in der Gesellschaft fehlenden Bewährungsmöglichkeiten müssen deshalb von anderen Einrichtungen geschaffen werden. Dies kann - so äußert von Hentig - "der gemeinsame allgemeine Soziale Dienst sein, den Männern und Frauen nach ihren Neigungen wählen, an dem sie lernen und zugleich der G e-sellschaft einen Dienst leisten können."[349]

Der Arbeitslosigkeit schreibt von Hentig eine besondere Bedeutung zu:

"Arbeit als erkennbar wichtige Lebensaufgabe darf niemandem voren t-halten werden, vor allem nicht der Jugend."[350]

Hierbei macht er deutlich, daß der Arbeit als Lebensaufgabe auch vor der Forderung nach Freizeiteinrichtungen Vorrang gegeben werden müsse. Letztere seien nur die drittbeste Lösungsmöglichkeit. Wenn dem Jugendlichen schon keine Arbeit gegeben werden könne, müsse ihm als zweitbeste Lösung weni g-stens ein "Dienst zur Erhaltung des nur gemeinsam zu bewältigenden Lebens und pari passu eine Form der Selbstverwirklichung"[351] auferlegt werden.

Ähnlich wie auch Hermann Giesecke kommt er zu dem Schluß, daß je mehr Anpassungsdruck ausgeübt wird und je weniger der Versuch unterno m-men wird, sich selbst und somit die Welt für die Jugendlichen akzeptabel zu verändern, desto "höher werden am Ende die Kosten (...) des Unglücks sein, die wir zu zahlen haben."[352]

8.1.4. Überleitung zu historischen Modellen

Vergleichbare wirtschaftliche und plitische Situationen gab es in ähnlich gel a-gerten Krisenzeiten in den Gebieten der heutigen BRD in den 20- und 30er Ja h-ren und zu Beginn der 50er Jahre.

Auf die damals ergriffenen Maßnahmen, welche den Versuch darstellten, Ansätze der Reformpädagogik mit gesellschaftspolitischen Maßnahmen zu ve r-binden, soll im weiteren Verlauf eingegangen werden.

Hierbei wird auch ein Bezug zur Situation in der BRD gegen Ende der 90er Jahre erstellt werden.

Speziell wird hierbei auf den "Freiwilligen Arbeitsdienst" (FAD) und die Arbeitsmaßnahmen im Rahmen des Programms "Arbeit statt Sozialhilfe" einge-

---

[349]ebd.
[350]ebd., S. 189
[351]ebd.
[352]ebd., S. 192

gangen werden; letzteres unernimmmt einerseits den Versuch, gesellschaftspol i-
tisch zu aggieren, andererseits ist es pädagogisch nicht ausgereift.

8.2. Erziehung und Arbeitswelt

8.2.1. Einführung

Dadurch bedingt, daß Arbeit, Identität und soziale Sicherung den Einzelnen in
der a.a.O.von Baethge u.a. durchgeführten Untersuchung in seiner Persönlic h-
keit ausmachen und somit eine pädagogische Sinngebung durch Arbeit oder s o-
ziale Dienste geschehen kann, stellt sich dann die Frage, weshalb bereits prakt i-
zierte Konzeptionen mißlangen und in welchen Punkten diesem Mißlingen en t-
gegen getreten werden könnte.

Ersichtlich wurde, daß der Rechtsextremismus bisher eher von solchen
Personen bevorzugt wird, welche im Besitz von (materiellen) Ressourcen oder
im Besitz eines Arbeitsplatzes sind und diesen aus Furcht vor Verlust durch e x-
tremistische Gedanken zu verteidigen versuchen.

Durch eine weitere technologisierung der Gesellschaft und einem damit
verbundenen Abbau von Arbeitsplätzen wird die Wahrscheinlichkeit größer, daß
die bisher Berufstätigen arbeitslos werden, ihre Meinung aber damit nicht ä n-
dern werden.

Somit wird - mitunter bedingt durch eine Verschiebung der Lastenverte i-
lung innerhalb des Sozialstaates - der klassische Sozialstaat in dieser Form nicht
mehr praktikabel sein, sondern es wird das Prinzip des Leistungsausgleich Vo r-
rang einnehmen.

Die "gegenwärtige Massenarbeitslosikeit (legt es) nahe, mit jenen pä d-
agogischen Konzepten und staatlichen Interventionen sich zu beschäftigen, die
zunächst im Kontext der bürgerlichen Jugendbewegung und der freien Volksbi l-
dung unter dem Eindruck steigender Jugendarbeitslosigkeit (...) und Radikalisi e-
rung Jugendlicher"[353] vom Freiwilligen Arbeitsdienst (FAD) zur allgemeinen
Pflicht der 18-25jährigen führte.

Im folgenden wird deshalb diese Diskussion ungeachtet des Mißbrauch
des Lagersystems in totalitären Staaten mit Bezug zur heutigen Situation geführt
werden. Letztendlich ist das System des Lagers nicht durch Nationalsozialisten
erfunden worden, aber, und dieser Beigeschmack besteht weiterhin, wurde das
System von diesen bis zur perfekt organisierten Vernichtungsmaschinerie au s-
gebaut. Das Prinzip der Erziehung durch Arbeit` kann fließend übergehen in das
Prinzip `Vernichtung durch Arbeit` wenn sich jemand als gemeinschaftsunwillig

---

[353] Peter Dudek: Erziehung durch Arbeit - Arbeitslagerbewegung und -Freiwilliger Arbeit s-
dienst 1920-1935, Opladen, 1988, S.15

oder -würdig zu erkennen gibt, wie es die beiden ausgeprägtesten totalitären Systeme dieses Jahrhunderts bewiesen haben.

8.2.2. Freiwilliger Arbeitsdienst (FAD)

Im April 1925 wurde das erste studentische Arbeitslager gegründet, Jugendbündisch ausgerichtete Lager gab es bereits seit dem Beginn der 20er Jahre. Diese Arbeitslager können als Initiator der folgenden Freiwilligen Arbeitsdienst-Bewegung angesehen werden.

1931 wurde durch die Reichsregierung unter dem damaligen Reichskanzler Brüning der FAD als Kriseninstrument bzgl. der steigenden Jugendarbeitslosigkeit der FAD von staatswegen her organisiert und galt als Möglichkeit der pädagogischen Intervention.

Mit Ausnahme der KPD war der FAD von allen Parteien und Organisationen als ein mit Illusionen verbundenes Mittel angesehen, durch eine Befürwortung dieser Maßnahme bis in die Arbeiterschicht hinein eine Umgestaltung der Gesellschaft einzuleiten.

Unweigerlich stellt sich die Frage, ob es nicht gemeinschaftliche Aufgabe aller politischen Kräfte gewesen ist, sich dem Ausmaß der Jugendarbeitslosigkeit in pädagogisch geeigneter Art und Weise entegegn zu stellen.

Dudek stellt an dieser Stelle die Frage, ob "der Arbeitsdienst nicht die Chance (bot), Jugendliche wieder an ein geordnetes Leben zu binden, ihnen Orientierung und Lebenssinn zu vermitteln?" und ob der Arbeitsdienst in Form von Volkslagern nicht den "idealen pädagogischen Bezug zur Initiierung wirksamer Erziehungsprozesse"[354] darstellte.

Dieser Frage wird im folgenden nachgegangen werden.

8.2.3. Pädagogische Grundgedanken des FAD

Zugrunde liegend ist der Gedanke, daß es sich bei dem FAD um ein staatliches Kriseninterventionsprogramm handelte, dessen Existenz pädagogisch fundamentiert werden sollte.

Herman Nohl sah in der Arbeitslagerbeweguung den Vorteil, daß diese durch die Arbeit einen sinngebenden Gehalt besaß, die Kameradschaft innerhalb der Gemeinschaft eine nicht zu unterschätzende Form des Sozialverhaltens sei und sich hierdurch der Gedanke der Volksgemeinschaft über den der eigenen Ansprüche und Interessen stellen werde.[355]

Durch die Erweiterung des FAD wurde dieser 1932 zu einer primär sozi-

---

[354] ebd., S.35
[355] vgl. ebd., S.51

alpädagogischen Einrichtung, der durch die Möglichkeit der Delegation weitere i-
chende Maßnahmen ergreifen konnte, als andere klassische Formen der Sozialpädagogik.

Somit wird deutlich, daß die im Nationalsozialismus praktizierten Erzie-
hungsformen - hier anhand eines kleinsten Ausschnittes - ihren Ursprung in der
reformpädagogischen Bewegung hatten und dieses hieraus abgeleitete Wissen
nur noch auf die jeweilige Ideologie umgedeutet werden mußte.[356]

Ähnliches findet sich in der später praktizierten Lagerbewegung der
"Organisation `Dienst für Deutschland`" der DDR wieder.[357]

Herman Nohl, ab 1937 selbst seines Lehrstuhles enthoben, resümiert, daß
die "Schuld der Pädagogik" darin zu sehen ist, daß diese "in ihrer damaligen
Arbeit Aufgaben ausließ, ohne die eine gesunde Jugend nicht leben mag, und
der nun im Nationalsozialismus scheinbar eine Identität entgegenkam, die das
Beste der pädagogischen Reformbewegung, den Willen zu einer neuen Volksgemeinschaft, aufnahm(...)."[358].

8.2.4 Herman Nohl und Ernst Krieck im Vergleich

8.2.4.1 Grundsätze der Nohl`schen Pädagogik und Möglichkeiten der Interpre-
tation

Hermann Nohl wird oft in Verbindung mit der NS-Zeit gebracht und es wird
versucht, den Eindruck zu vermitteln, er habe sich durch seine Pädagogik an
dem Aus- und Aufbau der NS-Pädagogik beteiligt.

Inwieweit das bestätigt werden kann, soll im folgenden überwiegend anhand der Aufsätze "Die Autonomie der Pädagogik"[359] und "Pädagogischer Bezug und Bildungsgemeinschaft"[360] aufgezeigt werden.

Nohl formuliert in erstgenanntem Text, daß das "(...) pädagogische Ziel
nicht Verbreitung des Wissens um des Wissens willen(...)"[361] sei, sondern das es
vielmehr "(...) die Erweckung eines gesunden adligen geistigen Lebens in allen
Volksgenossen(...)."[362] zu sein hat.

---

[356] ebd., S.36
[357] vgl. Michael Buddrus, 1994, a.a.O.
[358] Herman Nohl: Ausgewählte pädagogische Abhandlungen, Paderborn, 1967, S.96
[359] aus: Weber, Erich: "Der Erziehungs- und Bildungsbegriff", Bad Heilbrunn/Obb., 3. Auflage, 1976, S.37ff.
[360] aus: Kluge, Norbert (Hrsg.): "Das pädagogische Verhältnis", Darmstadt, 1973, S.35ff.
[361] Weber, Erich, a.a.O., S.38
[362] ebd.

Dieses pädagogische Ziel wird durch das Verhältnis des Erziehers zum Zögling - welches sowohl durch die "Mächte" der Liebe und des Gehorsam g e-tragen wird innerhalb einer pädagogischen Gemeinschaft - zu erreichen versucht

Dieser Gehorsam - der nach Nohl aus Modernitätsgründen verleugnet wurde - wurde von allen großen pädagogischen Denkern als bedeutsam erkannt und charakterisiert eine der beiden Strukturen der pädagogischen Gemeinschaft von Erzieher und Zögling.

Desweiteren soll dieser Gehorsam nicht mit Gewalt gleichgesetzt werden, bzw. mit dem blind aus Angst befolgen einer Vorgabe, "(...) sondern freie A n-nahme des Erwachsenenwillens in den eigenen Willen und spontane Unteror d-nung(...)".[363]

Diese Unterordnung wird von Nohl "(...) als der Ausdruck eines inneren Willensverhältnisses, das gegründet ist in der überzeugten Hingabe an die Fo r-derungen des höheren Lebens, das durch den Erzieher verteten wird"[364] b e-trachtet.

Innerhalb dieses Begriffes, so Nohl, finden sich "eine Reihe der schönsten Gefühle"[365] wieder, so z.B. "Ehrfurcht, Achtung, Pietät und Dankbarkeit".[366]

In diesen Zusammenhang setzt Nohl dann die Unterordnung und Gemei n-schaft als die Formkräfte der Gesellschaft, wobei die Gemeinschaft mit der e r-zieherischen Funktion vertraut gemacht wird.

Nohl scheint auf Grundlage eigener Theorie Hoffnungen in das 'Neue' des NS-Staates gesetzt zu haben, denn anders kann folgendes Zitat aus dem Ja h-re 1932, als schon mit der Übernahme der Macht durch die NSDAP zu rechnen gewesen ist, nicht erklärt werden:

" Was die Jugend heute am Nationalsozialismus begeistern und jeder E r-zieher in ihm bejahen muß (...) ist, daß jenseits des politischen Tageskampfes auch er (der Erzieher,M.K.) die seelischen und geistigen Kräfte als die entsche i-denden (...) erkennt und die Aufgabe der Zeit wieder als eine große Erziehung s-aufgabe sieht: die Form des Menschen und des Volkes muß zuerst von innen her eine andere werden."[367]

---

[363]Kluge, a.a.O., S.44

[364]ebd.

[365]ebd.

[366]ebd.; an dieser Stelle endet der Text bei Erich Weber, obwohl hier erst auf die "Formkräfte" der Gesellschaft bzgl. des Erziehungsprozesses eingegangen wird.

[367]Nohl, Hermann: "Die volkserzieherische Arbeit innerhalb der pädagogischen Bewegung", 1932, in: Weber, Bernd, 1979, S.313

Etwas resignierter hingegen erscheint dagegen die Äußerung Nohls aus dem Jahre 1935:

"Wenn unser neuer Staat mit gutem Grund sein erstes und entscheidendes Mittel in einer diktatorischen Massenführung hat, die auch den letzten noch n a-tional bewußt macht und unserm Volk die Einheit seines Gefüges wiedergibt, wobei dann ganz neue pädagogische Aufgaben und Möglichkeiten erscheinen, so werden die wahren Einsichten der pädagogischen Bewegung in irgendeiner Gestalt doch in diese Arbeit eingehen müssen."[368]

Hier fällt auf, daß die 'geistige und seelische Formung des Menschen' im NS-System nicht im Sinne Nohl angestrebt wurden, und daß der Stellenwert und die ursprünglichen Ideen der pädagogischen Aufgabenfelder lediglich nur noch in Form der NS-Erziehung geäußert werden durften.

8.2.4.2. Der NS-Erziehungswissenschaftler Ernst Krieck

Ernst Krieck (1882-1947), neben Alfred Baeumler, der führende NS-Pädagoge (Giesecke 1993) richtet sich innerhalb seiner Argumentation gegen die Pädag o-gik vor 1933, die er als unwissenschaftlich bezeichnete. Dadurch hatte er in der Weimarer Zeit eine Außenseiterrolle, welche ihn dazu brachte, oft mit Polemik und weniger mit Wissenschaftlichkeit gegen seine Kontrahenten zu argumenti e-ren.

Kriecks Argumentation richtet sich gegen die elementaren Punkte der R e-form-Pädagogik .

Der Kernpunkt des pädagogischen Bezuges, also dem persönlichen Ve r-hältnis von Erzieher und Zögling (Nohl) wird von Krieck dadurch herunter g e-spielt, daß Erzieher zu Funktionären der sozialen Gemeinschaft (womit auch die Erziehungsart bereits genannt wäre) erklärt werden.[369]

Krieck formuliert hierzu in dem Aufsatz "Erziehung und Wachstum": "Der Erzieher ist also zunächst gegeben in Gestalt der Gemeinschaft selbst(...)"[370] und fügt als unverrückbares Ziel hinzu: "Der einzelne Erziehung s-funktionär vollbringt sein Werk nicht aus eigener Machtvollkommenheit, so n-dern in Dienst und Auftrag der Gemeinschaft, deren Normen und Inhalte für Art

---

[368]Nohl, 1935 zit. in:Weber, Bernd, Pädagogik und Politik vom Kaiserreich zum Faschismus, _Königsstein/Taunus, 1979, S.338
[369]Giesecke, Hermann: "Hitlers Pädagogen - Theorie und Praxis nationalsozialistischer Erzi e-hung", Weinheim, München, 1993, S.39
[370]in: Krieck, Ernst: "Grundriß der Erziehungswissenschaft", Leipzig, 1944, S.37; hierbei handelt es sich um die Zusammenfassung bereits 1926 an der Universität Heidelberg gehalt e-ner Fortbildungskurse, die -so bemerkt Krieck selbst im Vorwort- in knappen Umrissen die beiden Werke "Philosophie der Erziehung" und "Menschenformung" wieder geben.

und Richtung der planmäßigen Erziehertätigkeit maßgebend bleiben. Das Ziel der Erziehung ist stets gegeben mit den Werten und Zielen der Gemeinschaft selbst."[371]

Die Individualität des Kindes, in der Reformpädagogik das zu fördernde zur Entwicklung und Entfaltung der eigenen Persönlichkeit, wurde bei Krieck dadurch mißachtet, daß er diese nicht als ursprünglich vorhanden ansah, sondern erst als Ziel betrachtete, welches erst durch die Selbsterziehung erreicht werde. Diese Selbsterziehung soll in einem Prozeß geschehen, bei dem sich das Kind "eine persönliche Version des allgemeinen Typus schaffe"[372].

Von daher ist ein Ziel der Erziehung die "(...) Einpflanzung des Gemeinschaftstyps in das werdende Individuum, also auf dessen organische Eingliederung in die Gemeinschaft."[373]

Das Individuum muß also erst 'werden', es wird nicht davon ausgegangen, daß der Mensch von Geburt an ein solches ist. Als Bestandteil eines Organismus kann zudem davon ausgegangen werden, daß der Mensch lediglich die Aufgabe hat, innerhalb der als organisch definierten Gemeinschaft zu funktionieren.

Mit anderen Worten: Das Kind hat zu lernen, wie es ihm vorgesetzte Vorbilder am besten kopieren und nachahmen kann. Gleichzeitig hat der Erzieher - nach Krieck - den Vorteil, daß er "(...) nicht erst nach einem besonderem Erziehungsziel zu suchen braucht."[374]

Innerhalb eines solchen Erziehungsprozeßes, in dem alles nur auf das funktionieren ausgerichtet ist, besteht für den einzelnen die Möglichkeit und die Einengung, sich blind oder unterwerfend auf ihm vorgegebene Ziel zu berufen und wenig pädagogische Kompetenz dadurch rechtfertigen zu können, bzw. seine eigene Kompetenz abgewertet zu sehen.

Erziehung habe sich nicht nur auf den unmündigen jungen Menschen zu beschränken, sondern müsse sich auch Generationenübergreifend an Erwachsene richten.

Der einzelne wird hierdurch also dauerhaft zu einem unmündigen Wesen

---

[371] ebd.

[372] Giesecke , S.40

[373] Krieck, Ernst: "Erziehungsphilosophie", Berlin,München,1930, S.19, in dem Kapitel "Wachstum und Erziehung" - die Orts- und Jahresangabe beruht auf der Recherche in dem Buch von H.Scheuerl, "Lust an der Erkenntnis - Die Pädagogik der Moderne", München, 1992; das hängt damit zusammen, daß die Seite innerhalb meines kopierten Exemplares nicht vorhanden ist und ich in diversen anderen Werken keine Hinweise auf Kriecks Bibliographien erhalten habe.

[374] Krieck, 1944, S.37

deklassiert, welches ohne die Erziehung von außen unfähig sein soll, sein Leben selbst zu gestalten, bzw. unfähig gehalten werden soll, damit der Machtapparat seine Funktion ausüben kann.

8.2.4.3. Nohl und Krieck: Parallelen und Unterschiede

Die Unterordnung und die Gemeinschaft haben bei beiden Pädagogen den gle i-chen Stellenwert. Durch den damit verbundenen Gehorsam soll der Zögling das, durch den Erzieher vermittelte und verkörperte, höhere Leben annehmen. Dieses höhere Leben wiederrum resultiert bei beiden Autoren aus den Vorstellungen der Gemeinschaft, innerhalb derer erzogen wird.

Hat sich Nohl allerdings mit Krieck in erster Linie wissenschaftlich au s-einandergesetzt, so hat letzterer lediglich polemisch gegen seine wissenschaftl i-chen Konkurrenten agiert.

Nohl setzt sich mit Kriecks Versuch auseinander, die Selbsterziehung und somit die Loslösung von Erzieher und Zögling als zu verallgemeinernde Pä d-agogik zu bezeichnen. Er gesteht Krieck ein, daß dieser Versuch der Jugendb e-wegung (gemeint ist hierbei nicht die HJ, sondern die Jugendbewegung der 20er Jahre) entgegen komme, allerdings mißachte sie zum einen die Mündigkeit des Einzelnen, da Erziehung sich überflüssig machen müsse, wenn diese Mündigkeit erreicht sei. Erziehung würde ansonsten von einem stetig unmündigen Me n-schen ausgehen und bis zum Lebensende reichen.

Zudem wird , so Nohl, in dem erziehen selber nicht nur eine Aufgabe, sondern ein eigener Sinn, "(...) eine Leidenschaft mit eigenen Schmerzen und Freuden"[375] zu sehen sein, die auf den Zögling übertragen wird und somit "(...) nicht nur ein Stück seines Lebens selbst und Mittel zum Erwachsenend a-sein(...)"[376] darstellt.

Der entscheidenste Punkt ist, das Nohl im Gegensatz zu Krieck nicht d a-von ausgeht, daß es feste, dogmatische Werte gibt, die der Erzieher zu vertreten habe, sondern voraussetzt, daß

"(...) von einem wirklichen Menschen mit festem Willen(...)" [377] gespr o-chen werden muß.

Von daher kann von einer gleichen Ausgangsbasis ausgegangen werden, die sich aus der Zeit heraus erklärt; hieran verbunden sind auch bzgl. der G e-meinschaft ähnliche Vorstellungen zu sehen.

Entscheidend ist zudem, daß Nohl das Individuum um seiner selbst willen

---

[375]Kluge, 173, S.36
[376]ebd.
[377]ebd., S.37

innerhalb dieser Gemeinschaft gesehen hat, während Krieck ausschließlich die Gemeinschaft betrachtet hat, innerhalb derer das Individuum zu funktionieren hat.

Von daher muß die These, die Giesecke geäußert hat, daß mit "einem g ewissen Recht (...) auch führende Erziehungswissenschaftler der Weimarer Zeit wie (...) Nohl (...) als NS-Pädagogen" [378] bezeichnet werden können, negiert werden.

Obwohl Parallelen aufgezeigt werden können, die in ihrer Konsequenz aber bereits erhebliche Unterschiede aufzeigen und obwohl sich Nohl zeitweise im NS-Staat als Dozent behaupten konnte, entsteht der Eindruck, diese These sei auf dem Hintergrund enstanden, daß alle Pädagogen, die nicht bereits 1933/34 aus politischen oder sogenannten 'rassischen' Gründen emiritiert wurden, als NS-Pädagogen bezeichnet werden können.

Nohl, der 1937 zwangsemiritiert wurde und erst nach 1945 wieder an se inen alten Lehrstuhl zurück kehren durfte, darf also nicht als NS-Pädagoge mit einem nationalsozialistischen Wissenschaftsverständnis bezeichnet werden.

Nohl kann aber - da er bis 1937 in dem NS-System als Pädagogik-Professor war - eine nähere Weltanschauung an die Nationalsozialisten besche inigt werden, als es bspw. bei bereits 1933 zwangsemiritierten sozialdemokrat ischen Dozenten der Fall gewesen ist. [379]

Mit ausschlaggebend für die Negation Gieseckes These, Nohl als NS-Pädagogen zu bezeichnen, ist ebenfalls die zuvor kaum absehbare Willkür der Nationalsozialisten gewesen, die es mit sich brachte, daß die Kluft zwischen Vorstellungen und Ideen einerseits und der hinterher praktizierten Wirklichkeit andererseits sehr weit auseinander klaften.

Wird der Fehler begangen, den Reformpädagogen Nohl und den SS-Angehörigen und Dozenten Krieck gleiche Zielvorstellungen und Absichten zu unterstellen, so wird Nohl indirekt unterstellt werden, er hätte in letzter Kons equenz vergleichbar wie Krieck gehandelt.

Die grundsätzliche pädagogische Auffassung Nohls- bspw. im vorherigen Kapitel über das AgAG beschrieben - besitzt heute wiederum an Aktualität.

---

[378]Giesecke, Hermann: "Hitlers Pädagogen - Theorie und Praxis nationalsozialistischer Erzi ehung", Weinheim, München, 1993, S.8

[379]Bspw. sei hier Adolf Reichwein, der 1944 im Zusammenhang des Attentats vom 20.Juli hingerichtet wurde, erwähnt; 'ausgeklammert' sind meinerseits an dieser Stelle jüdische D ozenten, da sie weniger aus politischen, sondern aus 'rassischen' Gründen entlassen wurden, da sie nicht als 'Arier' galten.

8.2.5. Der FAD als geschlossener Erziehungsraum

Neben der politisch orientierten Auslegung des Gedankens des FAD war mit
kennzeichnend, daß es sich hierbei um einen - alltagsfremden - abgeschlossenen
Erziehungsraum handelte, bei dem eine funktionalisierbare Disziplinierung vom
nachrangigen zum vorrangigen Ziel wurde.

Dieser funktionale Erziehung ist in ihren politischen Vorzeichen beliebig
austauschbar, denn bzgl. der zu Beginn der 50er Jahre in der damaligen DDR
Jugendarbeitsdienstoganisation "Dienst für Deutschland" konnte festgestellt
werden, daß neben Vorbestraften und aus der SED ausgeschloßenen ein hoher
"Anteil ehemaligerm Angehöriger nationalsozialistischer Organisationen, insb e-
sondere des RAD"[380] (Reichsarbeitsdienst) vorzufinden waren.

Hinzu kam, daß eine individuell audgerichtete Pädagogik diesem Aspekt
unterlag und somit in kasernierter Unterbringung eine "Primitivität der Leben s-
bedingungen und der Primitivität der Arbeit ein hoher Stellenwert"[381] dem hi n-
zukam.

Daneben spielte das Prinzip der Freiwilligkeit eine untergeordnete Rolle,
da die Kommunen Leistungen davon abhängig machten, inwieweit der einzelne
bereit war, sich dieser Institution anzuschließen.

Dieses führte bei der damaligen sozialen und wirtschaftlichen Lage u n-
weigerlich in die Situation der Jugendzwangsarbeitsysteme [382]; das allerdings
wurde zur Grundlage der NS-Programmatik genutzt, da ein Zwangsystem eine
"Entindividualisierung und Entsolidarisierung" bedinge, was sich dann zu einer
Unterwerfung unter die Disziplinargewalt von Führern der Arbeit und Führern
des Dienstes"[383] bemerkbar machte.

**8.3. Am Ende des 20. Jahrhunderts - "Arbeit statt Sozialhilfe" - Pro-
gramme als Neuauflage des FAD?**

8.3.1. Finanzielle Situation

Bedenkt man, daß die Praktiken der Kommunen bzgl. des FAD und des hinte r-
her zur Pflicht gewordenen Reichsarbeitsdienstes (RAD) weniger aus pädagog i-
schen, sondern aus finanziellen Gründen geschahen, stellt sich unweigerlich die
Frage, ob es eine vergleichbare Situation am Ende des 20.Jahrhunderts gibt.

---

[380] Michael Buddrus: Die Organisation `Dienst für Deutschland` - Arbeitsdienst und Militar i-
sierung in der DDR, Weinheim, 1994, S.80
[381] Dudek, 1988, S.234
[382] vgl. ebd., S.252
[383] ebd., S.253

Nimmt man aus Kommunen zusammengetragene Belastungen zusammen, so ergibt sich bspw., daß im Durchschnitt eine arbeitslose Person durch A r-beitslosenhilfe, Rentenbeiträge und die Übernahme der Krankenkasse die Kommune 22562,-- kostet; zusätzlich bedeutet jeder Arbeitslose eine Minde r-einnahme von 17513,-- pro Jahr.[384]

Dementsprechend verwundert es nicht, wenn proklamiert wird, die Ruh r-gebietsstädte stünden vor dem Ruin, was sich u.a. dadurch ausdrückt, daß die Attraktivität für Unternehen so gering ist, daß das Ruhrgebiet an Gewerbeste u-ern Einnahmen in Höhe von 4,6%, der Raum Düsseldorf/Köln und Bonn hing e-gen 18,2% gemessen am gesamten Haushaltsbudget zu verzeichnen hat.[385]

Angesicht leerer Stadtkassen kann bei einer Zahl von 12500 arbeitsfäh i-gen Sozialhilfeempfängern bei einer Gesamtzahl von 18000 im Kreis Recklin g-hausen dem finanziellen Problem dadurch argumentativ entgegentreten werden, daß sich das Programm "Arbeit statt Sozialhilfe" bereits nach 24,4 Monaten selbst trägt und refinanziert.[386]

8.3.2. Koppelung von Arbeit und pädagogischer Betreuung - Projektkonzepti o-nen

Besonders von Perspektivlosigkeit betroffen Jugendlichen - wenn sie zudem o h-ne Lehrstelle geblieben sind - können durch die Koppelung von Arbeitspr o-grammen und der pädagogischen Betreuung einerseits vor der kompletten s o-zialen -Deklassierung bewahrt werden, andererseits durch eine Integration in einen flexibleren Arbeitsprozeß über das berufliche und fachliche hinausgehe n-de Kenntnisse vermittelt bekommen.

Dementsprechend wir in der Stadt Mühlheim a.d. Ruhr ein Projekt ko n-zeptioniert, bei dem zunächst "15 Schulabgänger/-innen ohne Ausbildungsplatz (...) von der Stadt Mühlheim an der Ruhr 350,00 DM/Mon./Pers., maximal 12 Monate, dazu einen geringen Sachkostenzuschuß" erhalten sollen.[387]

An zwei Tagen sollen die Jugendlichen eine Schule besuchen, die verble i-benden drei Tage arbeiten sie in einem Praktikumsbetrieb.

In Oberhausen werden durch Landes-, Kommunal-, Qualifizierungspr o-

---

[384] vgl. WZ vom 22.11.1997

[385] "Demokratische Gemeinde", Hrsg.: Sozialdemokratische Gemeinschaft für Kommunalp o-litik, 4/98, Berlin, S.52

[386] Protokoll des Kreises Recklinghausen, öffentliche Sitzung des Amtes 50 vom 26.05.1997, "Maßnahmen der Hilfe zur Arbeit im Kreis Recklinghausen - Berichtsvorlage", Recklingha u-sen, S.10 – zitiert und archiviert unter "Stadt Recklinghausen"

[387] Stadt Mühlheim, Amt für Wirtschaftsförderung, "Bericht für den Ausschuß für Ausbi l-dungs-, Qualifizierungs- und Beschäftigungsförderung", Sitzung im Juni 1996, S.3

gramme und Maßnahmen der Jugendberufshilfe 2572 Personen betreut - ein b e-
sonderer Stellenwert kommt hierbei der in der `Beratungsstelle Jugend und B e-
ruf` praktizierten sozialpädagogischen Maßnahmen zu, zu denen "die Beratung
von Schulabgängern, die Beratung von jugendlichen Sozialhilfeempfängerinnen
und Sozialhilfeempfängern" wie auch die "Beratung hinsichtlich der verschi e-
denen Berufsvorbereitungen, der überbetrieblichen Ausbildung und der B e-
schäftigungsmaßnahmen" zählen.[388]

8.3.3. Interventionsmöglichkeiten und -beschränkungen durch das Kinder- und Jugendhilfegesetz (KJhG) und des Bundessozialhilfe-Gesetzes (BSHG)[389]

Grundlage des folgenden dürfte der Artikel 12, Absatz 2 des Grundgesetzes
sein, welcher besagt, daß eine Arbeit im Rahmen einer "für alle gleichen öffen t-
lichen Dienstleistungspflicht"[390] zumutbar sei.

Hieraus ergibt sich entsprechend, daß nach §18, Absatz 4 des Bundessoz i-
alhilfe-Gesetzes Arbeiten einer Person nicht zugemutet werden dürfen, wenn
diese "ungünstiger sind als bei den bisherigen Beschäftigungen des Hilfeem p-
fängers" gewesene Arbeitsverhältnisse.

"Wer sich weigert, zumutbare Arbeit zu leisten, hat keinen Anspruch auf
Hilfe zum Lebensunterhalt" formuliert der §25, Absatz 1 des BSHG.

Auszubildende, die sich entsprechend des Bundesausbildungsförderung s-
gesetzes oder des Arbeitsförderungsgesetzes in einer Ausbildung befinden, h a-
ben nach § 26 des BSHG keinen Anspruch auf Hilfe zum Lebensunterhalt.

Somit fallen aus sämtlichen Bestimmungen diejenigen heraus, die sich in
der Situation befinden eine Lehrstelle zu besitzen - was allerdings finanziell
oftmals an die Grenze des Anspruches auf Hilfe zum Lebensunterhalt stößt.

Für diejenigen, die keine Arbeit finden, sollen nach §19 BSHG gemei n-
nützige Arbeiten zur Verfügung gestellt werden, welche - nach dem Wunsch der
Stadt Hamm - "eine hohe Identifikation des Sozialhilfebeziehenden mit seiner
Arbeit"[391] bedingen sollte. Hierzu zählen insbesondere die Gestaltung von ö f-

[388] Stadt Oberhausen - Amt für Öffentlichkeitsarbeit, "Maßnahmen kommunaler Beschäft i-
gungsförderung in Oberhausen", Stand Oktober 1997
[389] Bezogen auf das KJhG wird folgender Gesetzestext verwendet: BMFJ: Kinder- und J u-
gendhilfegesetz, 7.Auflage, Bonn, Dezember 1995;
bezüglich des BSHG wird folgender Text verwendet: Beck-Verlag, BSHG, München, Juni
1991
[390] "Grundgesetz für die Bundesrepublik Deutschland", Hrsg.: BzfpB, Bonn, 1990, S.16
[391] Stadt Hamm: Beschlußvorlage der Verwaltung, Stadtamt 02/WFH, Vorlage-Nr. 3206 vom
18.02.1998, Punkt IV.D.

fentlichen Flächen, das Sauberhalten derselbigen und das Anlegen von Radw e-gen.

Da aus o.g. offensichtlich wird, das Jugendliche aus diesem Gesetzesra h-men weitestgehenst herausfallen, greift bei ihnen das bis zu Vollendung des 27. Lebensjahres gültige Kinder- und Jugendhilfegesetz (KJhG).

Hierbei werden konkret Maßnahmen der Jugendberufshilfe erwähnt, we l-che nach § 13, Absatz 2 des KJhG durch sozialpädagogisch begleitete Beschä f-tigungsmaßnahmen ausgestaltet sein sollen. Hierbei wird gleichzeitig die Mö g-lichkeit aufgezeigt,während dieser "beruflichen Eingliederung Unterkunft in s o-zialpädagogisch begleiteten Wohnformen angeboten" zu bekommen.

In Verbindung mit dem §81 greift dieser zitierte §13 des KJhG auf die kommunale Arbeitsmarktpolitik mittels Kooperationen des Jugendamtes und des Kinder- und Jugendhilfeausschußes. Die in dem §81 aufgeführten Einrichtungen schließen hierbei neben Schulen, Einrichtungen der Berufsaus- und Weiterbi l-dung auch die Nebenstellen der Bundesanstalt für Arbeit ein.

Die Stärkung des Ausbaus kommunaler Beschäftigungs- und Ausbi l-dungsmöglichkeiten steht somit vorrangig vor dem Gewähren sozialer Leistu n-gen.

Einem Mißbrauch des 'zweiten Arbeitsmarktes' kann durch die Begle i-tung unabhängig voneinander existierender aber miteinander kooperierender Einrichtungen und der pädagogischen Unterstützung vorgebeugt werden.

Vor einem polilitischen Mißbrauch ist auch dieser Ansatz, wie auch die Jugendarbeit allgemein (vgl. SJD-Die Falken, vgl. BHJ-Der Freibeuter) langfr i-stig nicht geschützt.

Eine zentrale Steuerung der Begleitung der Programme, die gleichzeitig Einbindung aller innerhalb der Kommune verfügbaren Ressourcen sowie die "arbeits-, sozial- und beschäftigungspolitischen" [392] positiven Folgen in Verbi n-dung mit einer "dauerhaften Entlastung bei den Sozialhilfekosten in relevanter Größenordnung"[393] sollen hierbei letztendliches Ziel sein.

Somit ist die Konsequenz, daß die unter das KJhG fallenden Jugendlichen bei Nicht-Berufstätigkeit der Vermittlung durch eine konzeptionell auszugesta l-tende Kooperationsstelle des Arbeitsamtes, Sozialamtes sowie (sozial-) pädag o-gischer Träger betreut werden.

Kritik hieran sei an dieser Stelle selbst eingefügt, denn das Prinzip der Freiwilligkeit der Jugendhilfe wäre somit berührt; dieses Faktum könnte dann allerdings durch eine ausgebaute individuell orientierte Beratungsarbeit der Ei n-richtungen wiederrum relativiert werden.

---

[392] Stadt Hamm, a.a.O., Punkt VII.
[393] ebd.

Somit könnte durch das Aufzeigen pädagogischer Probleme anhand exi-stentieller Notlagen deutlich gemacht werden, daß die aus den 70er Jahren stammenden Konzeptionen der Jugendarbeit durch die Ablösung des "Jugend-wohlfahrtsgesetzes" (JWG) 1991 vom KJhG auch in der Praxis geändert werden kann und die gesetzlichen Maßnahmen nur noch praktische Anwendung erhalten müssen.

8.3.4. Fazit

Bedeutet das zuvor erörterte nun, daß eine Neuauflage des RAD als wün-schenswerte Maßnahmen gegen arbeitslose Jugendliche angesehehen wird?

Und was hat das mit der eigentlichen Thematik zu tun, wo doch ersicht-lich war, daß vielmehr diejenigen, die bereits in einem Arbeits- und Ausbil-dungsverhältnis stehen zwecks der Verteidigung und Absicherung ihres Statuses dem (als politisch in Erscheinung tretenden) Rechtsextremismus zusprechen?

Zum einen soll durch das Aufzeigen der Historie und Kerninhalte des FAD/RAD deutlich gemacht werden, daß die pädagogische Intention bezogen auf die wirtschaftliche Situation und den pädagogischen Kenntnissen nach eine sinnvolle gewesen ist, welche in letzter Konsequenz durch politischen Einfluß allerdings zweckentfremdet wurde und nicht dem einzelnen, sondern dem `Ge-samten` funktional dienlich und nützlich gemacht wurde.

Zum anderen wurde deutlich, daß aus pädagogischen Fehlern gelernt wer-den kann: das gilt zum einen für nicht in letzter Konsequenz bedachtes wie bspw. bei Herman Nohl und geht weiter über die Möglichkeit, die Vorteile einer kollektiv ausgelegten mit einer Individualpädagogik in Einklang zu bringen; ähnliches geschieht bei dem `Lagercharakter` innerhalb von Freizeiten außer-schulischer Jugendverbände - lediglich die Konfession oder politische Auffas-sung ist hierbei unterschiedlich (vgl. SJD u.a.).

Desweiteren kann konstatiert werden, daß die Zahl der Arbeitslosen im Zuge einer Abwanderung der Industrie in das benachbarte und billiger produzie-rende Ausland zunehmen wird; diese Verschärfung der Situation auf dem Ar-beitsmarkt bedingt eine höher werdende Zahl von Personen, die aus einem Topf finanziert werden, in den immer weniger einzahlen.

Somit verfliegt aus Existenzangst ein Teil der anerzogenen Moral und selbst bei Personenkreisen, die sich jetzt noch in Solidarität wegen der gleichen schlechten Lebenssituation üben könnten - wenn sie eine homogene Gruppe wä-ren -, kann erwartet werden, daß sich diese ihr Vorrecht sozialer Leistungen durch das "ius sanguinis" erstreiten wollen.

Zudem sind diejenigen, die heute ihren sozialen Stellenwert durch extre-mistische Phrasen zu verteidigen versuchen, ebenfalls in der Situation arbeitslos werden zu können. Das bei ihnen vorhandenen Denken allerdings wird sich ebenfalls dann in die oben genannten Bevölkerungskreise reintragen.

Somit ist eine pädagogische Intervention in der Jugend- und Erwachsenenbildung an den sich wechselnden Lebensbedingungen entsprechend zu konzipieren.

Deshalb wird das Problem des Links- und Rechtsextremismus - sofern sich die Ursachen ungebremst weiter entwickeln können - ein Ausmaß bis zur unkontrollierbaren Eigendynamik im Sinne eines Aufschaukelungsprozeßes entwickeln müssen.

Dementsprechend muß der Versuch ausgebaut werden, im Rahmen von oben genannten Programmen und im Rahmen der gesetzlichen Möglichkeiten eine pädagogische Neuorientierung zu schaffen, die es gestattet, fernab historisch belasteter Themen einen sachlichen Diskurs zu führen.

Nicht eine funktionalistische Erziehung steht hierbei zur vorrangig innerhalb einer pädagogischen Debatte. Es bedeutet auch nicht, den im RAD des Dritten Reiches, in der DDR und auch in der ehemaligen Sowjetunion [394] geschehenen Mißbrauch dieser pädagogischen Möglichkeit zu negieren.

Vielmehr steht hierbei die Grundthese im Vordergrund, daß ein Versuch des Ausbaus der pädagogischen Arbeit innerhalb – ggf. eigens dafür geschaffenen – Arbeitswelt sinnvoller erscheint als sich im Nachhinein die Frage zu stellen, weshalb erst gewartet wurde, bis es 1,5 Millionen Arbeitslose Jugendliche gab und sich dann eine politische (Eigen-) Dynamik entwickelt hat, die von keinem mehr zu bremsen war?

Somit kann bis zum heutigen Stand die Frage, ob es sich bei dem Programm "Arbeit statt Sozialhilfe" um eine Neuauflage des FAD/RAD handelt, nur verneint werden, obwohl parallelen zu erkennen sind. Wichtigstes Unterscheidungskriterium ist die heutige – wohl noch ausbaufähige – Koppelung der Arbeit mit verschiedenen (sozial) pädagogischen Trägern und anderen Ämtern der öffentlichen Hand.

Angesicht dessen, daß Angehörige der NPD es bedauern, daß unter den jugendlichen Wahlkampfhelfern nicht viele Arbeitslose zu finden sind, denn

---

[394] vgl. auch "Das System der Arbeit zur Umerziehung Jugendlicher" in: Alexander Kotsch etow: Umerziehung Jugendlicher, Berlin (Ost), 1975: "Die Arbeit ist das Hauptkriterium für den Wert eines Menschen im Sowjetland. Nach ihr beurteilt man den Menschen, von ihr hängen sein Ruf, die Wertschätzung seiner Person und seine Ehre ab." (S.94). Dementsprechend ist es logisch, daß ein in diesem Sinne erzogener Mensch funktionalisierbar ist, denn durch die Umerziehung `schwieriger Jugendlicher` mittels dieses Leitsatzes bleibt keine andere Schlußfolgerung zu ziehen, als das Arbeit das alleinige, an einer Person Wertzuschätzende ist.

diese hätten besonders viel Zeit für intensive Parteiarbeit [395], ist zu einem zügi-
gen Handeln aufgerufen.

Dadurch bedingt, daß demokratisch gewählte Parteien - ein Faktum, welches den Stellenwert der Ideologie erhöht - wie die PDS eine Jugendorganisation aufbauen[396] und entsprechend dies indoktrinieren werden, unterstreicht oben
gesagtes.

---

[395] vgl. "Die Zeit" vom 10.09.1998, Hamburg, S.3
[396] Bspw. äußerst der Leiter des PDS-Jugendwahlbüros, daß 20jährige nicht nach 40 Jahren
DDR-Vergangenheit fragen würden. (vgl. Spiegel vom 5.10.1998, S.46f. sowie im Internet
unter: http:\\www.sozialisten.de)
Im Gegenzug kann dann argumentiert werden, daß es junge Menschen nicht interessiert, welche Vergangenheit bspw. der bis 1994 tätige Vorsitzende der "REP" hatte oder welche ehemaligen NS-Größen die NPD oder die DVU finanziell unterstützten.
Des weiteren wäre es interessant, eine Diskussionswelle zu beobachten, wenn im Gegenzug
zu Sarah Wagenknecht, die in Dortmund für den von ihr repräsentierten Parteizirkel "Kommunistische Plattform" 3,3% der Erststimmen erhielt, ein Repräsentant einer 'nationalrevolu-
tionären' Bewegung einen vergleichbaren Prozentwert erhielte.

9. Resumée

Ein pädagogisches Resumée zu ziehen ist an dieser Stelle nicht einfach, da die Problematik des Extremismus bei Jugendlichen zwar von mehreren Seiten aus analysiert wurde, verschiedene Konzepte vorgestellt wurden, eine greifende Lösung aber nicht dargeboten werden konnte.

Konstatiert werden kann, daß es sich bei den extremistischen Jugendl i- chen um solche handelt, welches sich in einer Gruppe sozialen Halt geben, den sie nirgendswo sonst erhalten und diesen - wenn schon nicht in Cliquentypische soziale Räume - gefährdet sehen durch eine „Bedrohung" des Ra   u- mes/Territoriums der BRD.

Von weltanschaulich geschlossenen extremistisch denkenden Jugendl i- chen zu sprechen muß am Ende dieser Arbeit negiert werden. Es finden sich keine geschlossenen Weltbilder in den Meinungen Jugendlicher wieder, sondern nur – und dieses `nur` steht nicht für eine Relativierung des Problems – Teile dieses Bildes.

So kann der verbale Angriff gegen ausländische Bürger in bestimmten Situationen auch als zwischenmenschliches Problem bezeichnet werden und erst durch politisch sensibilisierte oder auch teilweise ideologisch behaftete Personen als (hier: rechts-) extremistisch definiert werden.

Ebenso besteht die Sichtweise, daß die regierungsfähige PDS inhaltlich nicht sonderlich von der Partei der „Republikaner" abzugrenzen ist. Deshalb ist die Thematik der extremistischen Jugendlichen ebenfalls auf das Spektrum der linksextremistischen Jugendlichen Leute zu beziehen. Somit sollten Sichtwiesen geöffnet werden, die eine Diskussion fernab parteipolitischer Dogmatismen e r- möglichen und im Interesse aller politisch Interessierter geschehen könnten.

Ausgrenzungen und Dogmatismen sind Zeichen einer anderen (nicht wünschenswerten Form der) Politik.

Somit werden bestimmte Formen der pädagogischen Arbeit erklärbar, die mit einer „Anti-Haltung" sich selbst und andere potentielle Gruppen abgrenzen und abschotten. Statt von der aufsuchenden Jugendarbeit zu sprechen, die alle r- dings wegen mangelhafter finanzieller und personeller Ressourcen flächende k- kender ausgebaut werden müßte und konkretere Intentionen in Koordination mit dem Ausbau sozialer Netzwerke aufzeigen müßte, kann bei der „Anti"- pädagogischen Arbeit von einer ausgrenzenden Jugendarbeit gesprochen we r- den.

Die Schule und deren pädagogischen Möglichkeiten sind durch die häuf i- ge Überlastung der Lehrer und/oder deren nicht stark ausgeprägten (sozial-) pädagogischen Arbeitsmöglichkeit sowie geringer finanzieller Mittel zwar wü nschenswert, bergen aber innerhalb dieses sozialen Netzes die Gefahren der in der gruppenpsychologischen und -soziologischen Analyse gewonnen Erkenntnisse. Zudem besteht das Problem der unzureichenden Ausbildung junger Lehrer im Bezug auf das problematisch vernetzte Gebiet der `multikulturellen Konfliktfo r-schung` (vgl. Heitmeyer).

So wie die Vorteile einer – in der Jugendarbeit üblichen - gruppenze   n-trierten Arbeit sind, so liegt auch ihr Nachteil in ihr. Dadurch, daß eine Person sich einer Gruppe aus verschiedenen analysierten Gründen zuwendet, nimmt sie auch gleichzeitig deren Kanon an und hinterfragt nicht den Gruppengedanken – somit ist bei der Zielvorgabe schulischer Projekte die Möglichkeit genommen, tatsächlich gemachte Erfahrungen wegen eines – in bestimmten Diskussion   s-gruppen als „political corectness" bezeichneten – Gruppendruckes zu äußern; diese Äußerungen bieten dann den fruchtbaren Boden für die emotional die ei n-fachsten Instinkte ansprechende extremistische Ideologie und Publizistik.

Um der beschriebenen Individualisierung entgegen zu wirken kann das Gruppenleben dahingehend fördernd sein, als das es durch das Vermitteln eines Zieles, welches über den herkömmlichen pädagogischen Rahmen hinausgehen muß und somit die Person in ihrer Ganzheit betrachtet. Diese Zielsetzung g   e-schieht in Absprache der Gruppe und sollte sowohl innerhalb der Schule, Au   s-bildung oder auch im projektbezogenen Arbeiten innerhalb der Freizeit ang   e-strebt werden.

Innerhalb dieser sich stabilisierenden Gruppe kommt es zu einer internen Erziehung, die zum einen durch einen durchweg von außen organisierten und somit „pädagogisierten" Alltag nicht gegeben ist, und zudem Problem- und G e-nerationsnaher ist als die herkömmliche Pädagogik. Gefordert werden kann also die weitere und vertiefte Anerkennung der Ausübung von Ehrenämtern Jugen d-licher und die damit verbundenen Folgen (Freistellung von Schule, Betrieb, G e-währung von Fortbildungen, Anrechnung auf Wehr-& Ersatzdienste).[397]

Eine Koppelung von der Existenzabsichernden beruflichen und der pä   d-agogischen Arbeit kann in der Altersgruppe der ab 16jährigen somit mehr b   e-wirken als einmalig durch geführte gemeinsame Sportspiele mit Skinheads und Punkern; diesen Sportspielen fehlen weitest gehenst der Alltagsbezug und fö   r-dern nicht die Motivation und die Einstellung der Schaffung der Hilfe zur Selbsthilfe.[398]

---

[397] Vgl. auch die Fabel bei Postman, in der amerikanische Schüler durch eine Ausnahmesitu a-tion wachsendes Verantwortungsgefühl und gleichzeitig umsichtigere Sichtweisen entwickeln (Postman, a.a.O., S.117 – 124). Diese (gegenseitige) Verantwortung sich und anderen gege n-über könnte nach Postman als ein neuer brauchbarer Gott innerhalb der Erziehung gelten – fernab materialistischen und individualistischen Denkens.

[398] „In den Geisteswissenschaften ist die Kluft noch tiefer" zwischen der Theorie und der Pr a-

Abschließend soll diese Arbeit genauso beendet werden wie sie begann, nämlich in philosophischer Ausrichtung.

Eine Grundlage dieses Systems ist der Materialismus. Ohne ihn kann Pädagogik innerhalb dieses Systems weder als Institution noch inhaltlich existieren.

Deshalb ist es wünschenswert, die Pädagogik in Verbindung mit der materiellen Absicherung von Menschen zu bringen und umgekehrt auch an diese Absicherung pädagogische Forderungen i.w.S. zu stellen.

Um einer pädagogischen `Dienstleistungsmentalität` entgegen zu wirken, sollte sich die Pädagogik folgende Negativdefinition zur Gundlage machen:

„Eine der negativen seelischen Wirkungen der technischen Kultur ist gerade die Konsummentalität, die Unwilligkeit zur Teilhabe an Verantwortung."[399]

Die Schaffung einer solchen - dann allerdings positiv formulierten - Grundlage soll nicht nur wegen der Finanzschwächen der Bundeshaushaltsmittel oder der klassischen Institutionen des Wohlfahrtstaates geschehen, sondern auch dem Menschen sollte es angesichts seiner selbst wegen in seiner (unmittelbaren) Gemeinschaft ermöglicht werden, eine Verantwortung auszubauen.

Durch das Einbeziehen der Menschen in Gemeinschaften in denen sie sozialen Rückhalt erwarten können, erscheint nach den bisherigen Erkenntnissen die Wahrscheinlichkeit des Aufsuchens von extremistisch und Visionen vortäuschenden Gruppierungen wenig attraktiv.

Letztendlich muß zusammengefaßt werden, daß es nicht die wissenschaftliche Analyse bzgl. dieses Problems geben kann; ebensowenig kann es die pädagogische Intervention geben.

Grundlegend muß der Einzelne wie auch der gesellschaftliche Überbau in einer Wechselwirkung tätig werden. Ansonsten müßte gegen einen inneren Zwang vorgegangen werden, der fruchtbares Arbeiten unmöglich macht.

So wie es des Interesses an Subgemeinschaften einer Gemeinschaft bedarf, so bedarf es andererseits auch des Interesses des Individuums an diesen Gemeinschaften.

---

xis – so „Unicum-Das Hochschulmagazin" vom Mai 1999, S.75, erschienen in Bochum. Hieran anschließend folgt der Appell an die Vertreter der (Fach-) Hochschul-Professoren, sich dem praktischen Alltag zu stellen und nicht Doktoranden „heran zu züchten", die der Praxis nicht im entferntesten gewappnet sind. Die Wissenschaft soll der Praxis dienen, und hat sich m.E. entsprechend an der vorher genannten zu orientieren. Ansonsten wäre zu konstatieren, daß die Wissenschaft bei der Fragestellung „Gab es zuerst die Henne oder das Ei?" seit Jahren stehen geblieben ist.
[399] Carl F. v. Weizsäcker: Deutlichkeit – Beiträge zur politischen und religiösen Gegenwartsfrage, München, 1981, S.58f.

Das bei Thiersch bereits als `warmes Gefühl in der Brust` beschriebene
(sozial-) pädagogische Herangehen an das Individuum endet meistens auch bei
diesem Gefühl und ist nicht fruchtbar.

Letztendlich kann als pädagogische Grundlage resümiert werden:

„Um Arzt zu sein, genügt es nicht, Mitleid mit dem Kranken zu haben;
man muß präzise Diagnosen und Therapien zuwege bringen. In der Politik, der
Pädagogik, der Seelsorge ist es nicht anders."[400]

Die Aufgabe des Pädagogen/Philosophen bzgl. der Vermittlung human i-
stisch fundamentaler Erkenntnisse erschließt sich also nicht nur durch die An a-
lyse der bestehender Umstände, sondern auch durch Kritik an derselben. Das
kritische zu Verinnerlichen und umzusetzen erscheint als Aufgabe eines jeden
neuzeitlichen Denkers. Das Erstellen einer möglichst präzisen, vor allem krit i-
schen, unbequemen und tiefgehenden Diagnose in Verbindung mit der Analyse
bisheriger Therapien findet mit oben genannten Zitat Weizsäckers seinen A b-
schluß.

Es wird abgerundet durch die Erkenntnis, daß man nicht das pädagogische
Rad neu erfinden muß, es aber zu der Aufgabe des Pädagogen gehört, die E r-
kenntnis und Einsicht zu gewinnen, wann das Rad abgefahren ist um es eben für
die Zukunft fahrbereit zu gestalten und zu erhalten!

„Die Zukunft ist jetzt."[401]

---

[400] ebd., S.1
[401] vgl. Magaret Mead, Der Konflikt der Generationen – Jugend ohne VorbildFreiburg i.B., 4.
Auflage, 1973, S.131; diese Zukunft innerhalb einer Gemeinschaft der Generationen muß
geschützt und gepflegt werden und bringt eine Veränderung des Denkens mit sich.

Literatur

Die hier aufgeführte Literatur ist nach den Autoren und, soweit diese nicht d e-
tailiert angegeben war, nach dem Herausgeber in alphabethischer Reihenfolge
aufgeführt.

Backes/Jesse: Politischer Extremismus in demokratischen Verfassungsstaaten,
Opladen, 1989

Backes/Jesse: Politischer Extremismus in der Bundesrepublik Deutschland,
Hrsg.: Bundeszentrale für politische Bildung, Bonn, 4. Auflage, 1996

Beck, Ulrich, Risikogesellschaft - Auf dem Weg in eine andere Moderne, Frankfurt a.M., 1986

Baethge, Michael u.a.: Jugend: Arbeit und Identität - Lebensperspektiven und
Interessenorientierungen von Jugendlichen, Opladen, 1988

Balbach, Sonja: Wir sind auch die kämpfende Front - Frauen in der rechten Sz e-
ne, Hamburg, 1994

Beck-Verlag: Bundessozialhilfegesetz (BSHG), München, Juni 1991

Beerfeltz, H.J.: Könnte die Demokratie zur Beute einer pauschalen Parteienkr i-
tik werden? in: Verantwortung in einer unübersichtlichen Welt, Bonn,
1995

Bohn, Irina: Das Aktionsprogramm gegen Aggression und Gewalt - Ein vorlä u-
figes Fazit über Praxis und Erfolge eines Sonderprogramms" , Jugendfhi l-
fe, 34/1996, Frankfurt a.M.

Böhnisch Lothar u.a. (Hrsg.): Das AgAG - die wissenschaftliche Begleitung,
Ergebnisse und Perspektiven, Münster, 1997

Boßmann, Dieter: Was ich über Adolf Hitler gehört habe, Frankfurt a.M., 1977

Brake, Mike: Soziologie der jugendlichen Subkulturen, Frankfurt a.M., 1981

Buddrus, Michael: Die Organisation `Dienst für Deutschland` - Arbeitsdienst
und Militarisierung in der DDR, Weinheim, 1994

Bundesministerium des Innern (Hrsg.): Verfassungsschutzbericht 1995, Bonn,
1996

Bundesministerium des Innern (Hrsg.): Verfassungsschutzbericht 1996, Bonn,
1997

Bundesministerium des Innern (Hrsg.): Verfassungsschutzbericht 1997, Bonn,
1998

Bundesministerium für Frauen und Jugend (BMFJ) (Hrsg.), Willems u.a.: An a-
lyse fremdenfeindlicher Straftaten, Bonn, 1993

BMFJ (Hrsg.): Kinder- und Jugendhilfegesetz (KJhG), 7.Auflage, Bonn, D   e-
zember 1995

BMFJ (Hrsg.): Konzentrierte Aktion Bundesjugendplan Innovationen (KABI),
Nr. 7, 30.9.1992, Bonn

BMFJ: KABI, Nr. 17, 13.5.1994

Bundeszentrale für politische Bildung (Hrsg.): Grundgesetz für die Bundesrep u-
blik Deutschland, Bonn, 1990

Cohen, Albert: Abweichung und Kontrolle, München, 1968

Deutsche Paul Lazarsfeld-Gesellschaft und Otto-Stammer-Zentrum an der FU
Berlin (Hrsg.), Kontaktperson Richard Stöss u.a., „Rechtsextremismus,
politische Unzufriedenheit und das Wählerpotential rechtsextremer Pa   r-
teien in der Bundesrepublik im Frühsommer 1998", Berlin, Juli 1998

Dudek, Peter: Jugendliche Rechtsextremisten-zwischen Hakenkreuz und Oda   l-
rune 1945 bis heute, Köln, 1985

Dudek, Peter: Erziehung durch Arbeit - Arbeitslagerbewegung und Freiwilliger
Arbeitsdienst 1920-1935, Opladen, 1988

Farin, Klaus: Skinheads als rechte Jugendkultur, in: Franz Josef Krafeld/Kurt
Möller/Andrea Müller (Hrsg.), Jugendarbeit in rechten Szenen: Ansätze -
Erfahrungen - Perspektiven, Schriftenreihe der Landeszentrale für polit   i-
sche Bildung der Freien Hansestadt Bremen, Band 5, Bremen 1993

Farin, Klaus/Seidel-Pielen, Eberhard: Rechtsruck, 4.Auflage, 1993, Berlin

Farin, Klaus/Seidel-Pielen, Eberhard: Skinheads, München , 2.Auflage,1994

Fischer,Arthur. Engagement und Politik, in: Jugend `97 - 12. Shell Jugendstudie,
Opladen, 1997

Fritzsche, K.P.: Bürger im Streß - eine Erklärung der Xenophobie, in: Veran   t-
wortung in einer unübersichtlichen Welt, Hrsg.: BzfpB,Bonn, 1995

Fröhlich, W.D.: Wörterbuch zur Psychologie, 17. Auflage, München, 1990

Funke, Manfred: Geistige Wurzeln des Rechtsextremismus: Rassismus, F   a-
schismus, Nationalismus, in: Bundesministerium des Innern (Hrsg.), E   x-
tremismus und Gewalt, Band II, Bonn 1993,

GEW Berlin (Hrsg.): Neofaschismus - die Rechten im Aufwind, Berlin,
1.Auflage, 1979

GEW Berlin (Hrsg.): Antifaschistische Erziehung in der Schule, Frankfurt a.M.,
1981

Giesecke, Hermann : Politische Bildung - Didaktik und Methodik für Schule
und Jugendarbeit, Weinheim, 1993

Giesecke, Hermann: Hitlers Pädagogen-Theorie und Praxis nationalsozialist i-scher Erziehung, Weinheim, 1993

Hacker, Friedrich: Das Faschismus-Syndrom, Düsseldorf, 1990

Hasselbach, Ingo u.a.:, Die Abrechnung - ein Neonazi steigt aus, Berlin, 1993

Hasselbach, Ingo: Die Bedrohung - mein Leben nach dem Ausstieg aus der rechten Terrorszene, Berlin, 1996

Hauff, Alex: Der alte Antifaschismus ist tot - Für ein qualitativ neues Verstän d-nis, in: Frigga Haug/Wolfgang Fritz Haug (Hrsg), Das Arg u-ment,Zeitschrift für Philosophie und Sozialwissenschaften,Heft 4, Götti n-gen,Juli/August 1993

Heitmeyer, Wilhelm: Warum handeln Menschen gegen ihre eigenen Interessen - Analyse und Didaktikkonzept für die Jugendbildungsarbeit, Köln, 1991

Heitmeyer, Wilhelm: Die Bielefelder Rechtsextremismus-Studie, Weinheim, 1992

Heitmeyer, Wilhelm: Rechtsextremistische Orientierungen bei Jugendlichen, Weinheim, 4.Auflage, 1992a

Heitmeyer, Wilhelm: Die Gefahren eines "schwärmerischen Antirassismus" - Zur Notwendigkeit einer differenzierten Begriffsverwendung und einer multikulturellen Konfliktforschung, in: Frigga Haug/Wolfgang Fritz Haug (Hrsg.), Das Argument, Zeitschrift für Philosophie und Sozialwisse n-schaften, Nr. 195, Heft 5, Göttingen, September/Oktober 1992b

Heitmeyer, Wilhelm: Gewalt - Schattenseiten der Individualisierung bei J u-gendlichen aus unterschiedlichen Milieus", Weinheim, 1995

Helsper, Werner: (Sozial-) Pädagogische Programme gegen jugendliche Gewalt, in: Wilfried Breyvogel (Hrsg.) Lust auf Randale - Jugendliche Gewalt g e-gen Fremde, Bonn, 1993

Hentig, Hartmut von: Aufwachsen in einer Welt, in der sich zu leben lohnt, in: Gerold Becker u.a. (Hrsg.), Neue Sammlung, Heft 2, Seelze-Velber, April-Juni, 1993

Informations-,Fortbildungs-Forschungsdienst Jugendgewaltprävention (IFFJ)/ Institut für Sozialarbeit und Sozialpädagogik e.V. (ISS) (Hrsg.): Inform a-tionsdienst AgAG, Berlin, 1/96

Innenministerium des Landes NRW: Verfassungsschutzbericht des Landes NRW 1995, Düsseldorf, 1996

Innenminsterium des Landes NRW: Verfassungsschutzbericht des Landes NRW 1997, Düsseldorf, 1998

Innenministerium des Landes Rheinland-Pfalz: Skinheads, Stand August 1995

Jäger, Herbert: Makrokriminalität - Studien zur Kriminologie kollektiver G e- walt, 1.Auflage, Frankfurt a.m., 1989

Jäger, Johannes: Erscheinungsformen des Rechtsextremismus, Skript zur Vorl e- sung, Münster, 1994

Jäger, Johannes: Sozialarbeit auf der Straße - Konzeption einer alternativen Au f- findungsmethode von deklassierten und/oder isolierten Menschen, in: DZI (Hrsg.), Soziale Arbeit, 7/89, Berlin 1989

Jugendamt der Stadt Wuppertal (Hrsg.): Runderlaß des Ministers für Arbeit, G e- sundheit und Soziales, Einführung eines bundeseinheitlichen Jugendgru p- penleiterausweises in Nordrhein-Westfalen, Punkt 2.3, ergänzt am 18. März 1987, in: Arbeitshilfen für Jugendgruppenleiter, Wuppertal 1987

Kanitz, Otto-F.: Das proletarische Kind in der bürgerlichen Gesellschaft, Fran k- furt, 1974

Klein, Ralf: Wir haben einen Vogel - Zur Modernisierung der Sozialistischen Jugend Deutschland, in: Deutscher Bundesjugendring (Hrsg.), Jugendve r- bände im Spagat - Zwischen Erlebnis uns Partizipation, Münster, 1994

Klönne, Arno: Abschied vom Antifaschismus?, in: Frigga Haug/Wolfgang Fritz Haug (Hrsg.), Das Argument, Zeitschrift für Philosophie und Sozialwi s- senschaften, Heft 4, Göttingen 1993

Kluge, Norbert (Hrsg.): Das pädagogische Verhältnis, Darmstadt, 1973

Knütter, Hans-Helmuth: Ideologien des Rechtsradikalismus, Bonn, 1961

Knütter, Hans-Helmuth: Die Entwicklung des Rechtsextremismus in Deutsc h- land - Historische, gesellschaftliche und psychologische Bedingungen seines Entstehens, in: Bundesminister des Innern (Hrsg.): Extremismus und Gewalt-Band I. Bonn, 1993

Knütter, Hans-Helmuth: Die Faschismus-Keule, Frankfurt, 2. Auflage, 1994

Körner, Jürgen: Rassismus: Das Fremde als Bedrohung, in : Michael Wi m- mer/Christoph Wulf/Bernhard Dieckmann (Hrsg.), Das zivilisierte Tier- Zur historischen Anthropologie der Gewalt, Frankfurt a.M., 1996

Kotschetow, Alexander: Umerziehung Jugendlicher, Berlin (Ost), 1975

Krafeld, Franz-Josef: Straßensozialarbeit mit rechten Jugendlichen, in: Institut für Sozialarbeit und Sozialpädagogik (ISS)/Informations-, Fortbildungs- und Forschungsdienst Jugendgewaltprävention (IFFJ) (Hrsg), Informat i- onsdienst AGAG, 3/93, Berlin 1993

Krieck, Ernst: Erziehungsphilosophie, Berlin/München, 1930

Krieck, Ernst: Grundriß der Erziehungswissenschaft, Leipzig, 1944

Landeszentrale für politische Bildung NRW (Hrsg.): NRW-Lexikon, Opladen, 1996

LeBon, Gustave: Psychologie der Massen, 15. Auflage, Stuttgart, 1982

Marx, Rita: Rechtsradikale Jugendgewalt - Psychoanalytische Frageperspekt i-ven, in: Otto/Merten (Hrsg.), Rechtsradikale Gewalt im vereinigten Deutschland, Schriftenreihe der BzfpB, Bonn, 1993 Reich, 1980

Mead, Margaret: Der Konflikt der Generationen – Jugend ohne Vorbild, Fre i-burg i.B., 4. Auflage, 1973

Merkens, Hans, u.a.: Lebensstile Berliner Jugendlicher. Hrsg.: FU-Berlin-Institut für Allgemeine Pädagogik/Zentrum für europäische Bildungsfo r-schung e.V., Berlin, 1998

Meyer, Alwin/Rabe, Karl-Klaus: Unsere Stunde die wird kommen - Rechtsrad i-kalismus unter Jugendlichen, Bornheim-Merten, 1980

Moreau, Patrick u.a.: Linksextremismus - eine unterschätzte Gefahr, Bonn, 1996

Münchmeier, Richard: Die Lebenslagen junger Menschen, in: Jugend `97 - 12. Shell Jugendstudie, Opladen, 1997

Nohl, Herman: Ausgewählte pädagogische Abhandlungen (besorgt von Josef Offermann), Paderborn, 1967

Nolting, Hans-Peter: Lernfall Aggression, Reinbeck, 1997

Oesterreich, Detlef: Krise und autoritäre Reaktion, in: Verantwortung in einer unübersichtlichen Welt, Hrsg.: BzfpB, Bonn, 1995

Oesterreich, Detlef: Leben die häßlichen Deutschen im Osten? in: Otto /Merten, Rechtsradikale Gewalt im vereinigten Deutschland, BzfpB (Hrsg.), Bonn, 1993

Postman, Neil: Keine Götter mehr – Das Ende der Erziehung, München, 1997

Reich, Wilhelm: Massenpsychologie des Faschismus - Zur Sexualökonomie der politischen Reaktion und zur proletarischen Sexualpolitik, Amsterdam, Nachdruck 1980

Reinhold, Gerd (Hrsg.). Soziologie-Lexikon, , 3.Auflage, München, 1996

Richter, Horst-Eberhard: Der Umgang mit Angst, Hamburg, 1992

Rommelspacher, Birgit: Männliche Jugendliche als Projektionsfiguren gesel l-schaftlicher Gewaltphantasien - Rassismus im Selbstverständnis der Mehrheitskultur, in : Wilfried - Breyvogel (Hrsg.), Lust auf Randale-Jugendliche Gewalt gegen Fremde, Bonn, 1993

Sader, Manfred: Psychologie der Gruppe, Weinheim, München, 4.Auflage, 1994

Sander, Wolfgang: Rechtsextremismus als pädagogische Herausforderung für Schule und politische Bildung, in: BzfpB (Hrsg.), Verantwortung in einer unübersichtlichen Welt, Schriftenreihe Band 331, Bonn, 1995

Schäfers, Bernhard: Soziologie des Jugendalters, Opladen, 6. Auflage, 1998

Scheub, Ute: Gefährlich männlich, in: Spiegel-special, 7/1997, Hamburg, 1997

Scherr, Albert (Hrsg.): Jugendarbeit mit rechten Jugendlichen, Bielefeld, 1992

Scherr, Albert: Vom "Antifaschismus" zur "Heitmeyerei"? in: derselbe (Hrsg.), Jugendarbeit mit rechten Jugendlichen, Bielefeld, 1992

Schirach, Baldur von: Die Hitlerjugend – Idee und Gestalt, Berlin, 1934

Schmidt-Holtz, Rolf: Unheil über Deutschland, 2.Auflage, Hamburg, 1993

Schubert/Klein: Das Politiklexikon, Bonn, 1997

Schule ohne Rassismus-Bundeskoordination (Hrsg.): Handbuch Schule ohne Rassismus, Bonn, 1995

Schule ohne Rassismus-Bundeskoordination (Hrsg.): 101 Projektideen, Bonn, 1995

Schule ohne Rassismus-Bunndeskoordination (Hrsg.): Ideen, Projekte, Erfahrungen aus der Praxis von Schule ohne Rassismus, Bonn, 1996

Schule ohne Rassismus-Bundeskoordination (Hrsg.): Der Weg ist das Ziel - Schule ohne Rassismus, Bonn, 1998

Schulz von Thun, Friedemann: Miteinander reden 2 - Stile, Werte und Persönlichkeitsentwicklung, Reinbeck, 1996

Schwarzer, Ralf: Angst, Streß und Handlungsregulation, Stuttgart, 3.Auflage, 1993

Specht, Walter: Jugendkonflikte als Herausforderung für sozialpädagogisches Handeln, in: Specht 1987

Stöss, Richard: Rechtsextremismus-Begriff-Struktur-Analyse, in: Kurt Bodewig u.a.(Hrsg.), Die schleichende Gefahr - Rechtsextremismus heute, Essen 1990

Tenner, Franziska: Ehre, Blut und Mutterschaft- Getarnt unter Nazi-Frauen heute, 1.Auflage, Berlin, 1994

Thiersch, Hans: Jugendkonflikte und Stadtteilarbeit - Das Konzept der Mobilen Jugendarbeit, in: Specht 1987

Titus, Simon. Raufhändel und Randale - Eine Sozialgeschichte aggressiver Jugendkulturen und pädagogischer Bemühungen von 1880 bis 1995, Hrsg.: Fachhochschule Wiesbaden, 1995

Uellenberg, Wolfgang/Rütz, Günther: 80 Jahre Arbeiterjugendbewegung in
Deutschland, 1904-1984, Jugendpflege - Sozialistische Erziehung - Politischer Kampf, in: SJD-Die Falken - Bundesvorstand (Hrsg.), Dokumente,
Nr. 25, Schriftenreihe der SJD-Die Falken, erweiterte Neuauflage, Bonn,
1984

Uhrlau, Ernst. Gibt es neue `Aufschaukelungs`-Phänomene zwischen dem
Links- und Rechtsextremismus? in Wilhelm Heitmeyer (Hrsg.), Das Gewalt-Dilemma, Frankfurt a.m., 1994

Verlag Libertäre Assoziation u.a.: 20 Jahre radikal – Geschichte und Perspektiven autonomer Medien, Hamburg, Berlin, Münster, 1996

Weber, Bernd, Pädagogik und Politik vom Kaiserreich zum Faschismus, Kö-
nigsstein/Taunus, 1979

Weber, Erich..: Der Erziehungs und Bildungsbegriff, Verlag Julius Klinckhardt,
Bad Heilbrunn/Obb., 3.Auflage, 1976

Weizsäcker, Carl F. v.: Deutlichkeit – Beiträge zu politischen und religiösen
Gegenwartsfragen, München, 1981

Zeitungen, Partei- und Jugendverbandsmaterialien, Protokolle

Die im folgenden aufgeführten Materialien sind bzgl. der Parteien, Städte
und/oder Verbände alphabetisch geordnet; und Zeitungen werden nach dem Titel der Zeitung, Verbands- und Parteigebundene Publikationen sind in folgender
Auflistung nach dem Herausgeber sortiert.

Antifaschistische Info 21, März/April 1993, Berlin

Antifaschistische Zeitung NRW, Februar-April 1994, Wuppertal

'Bayernpartei'- Kurzprogramm, Bayernpartei-Bundesvorstand (Hrsg.), 1994,
München

Demokratische Gemeinde, Hrsg.: Sozialdemokratische Gemeinschaft für Kom-
munalpolitiki 4/98, Berlin

Der Falke, Nr.4/5 des Jahrgangs 1930, Hrsg.: Adler und Falken, Deutsche Jugendwanderer e.V., Bad Salzbrunn/Schlesien, 1930

FAP-Nachrichten - Kampfblatt der Freiheitlichen Deutschen Arbeiterpartei,
Ausgabe 6, FAP (Hrsg.), Oktober 1986

Focus, 3.08.1998, Hamburg

Interim-Szenenblatt, Nr. 244 vom 10.06.1993, Berlin

Junge Freiheit (JF) vom 4.02.1994, Potsdam

Mädchen, Nr. 25/1997 vom 26.11.1997, München

Na klar- Jugendzeitschrift für Umwelt, Mitwelt, Heimat, Der Freibeuter
  e.v./(Bund Heimattreuer Jugend) BHJ (Hrsg.), Ausgabe 73 vom 31.März
  1996, Göttingen

Na klar-Jugendzeitschrift für Umwelt, Mitwelt, Heimat, Der Freibeuter
  e.v./(Bund Heimattreuer Jugend) BHJ (Hrsg.), Ausgabe 74 vom 31.Juni
  1996 (!), Göttingen

Nation und Europa - Deutsche Monatshefte, Juli/August 1994, Coburg

Nation und Europa – Deutsche Monatshefte, April 1997, Coburg

Nordische Zeitung, Nr.7, 6-8/98, Hrsg.: Jürgen Rieger, Hamburg

(Internetadresse: http:// www.members.aol.com/NordZeit/dsitteng.htm.)

Nordpool, Hrsg: Arbeitskreis Nordstadt (Wuppertal), Ausgabe 0, März/April
  1998, Wuppertal

Nationaldemokratische Partei Deutschland-BV: "Nationaldemokratische G   e-
  danken für eine lebenswerte Zukunft-NPD-Parteiprogramm", 1987, Stut t-
  gart

NPD-NRW (Hrsg.), Deutsche Zukunft (DZ), August 1995, Bochum

PDS-Bundestagsfraktion, „Cross-Point", Hochschulzeitung Sommer 1999, Be r-
  lin

Republikaner-Bundesvorstand (REP-BV) (Hrsg.) Die Republikaner – Parteipr o-
  gramm 1993, Siegburg

REP-BV, Die Republikaner-Parteiprogramm, 1996, Bonn

REP-BV, Der (neue) Republikaner, 4-5 1999, Berlin

Sozialistische Jugend Deutschland -Die Falken/Bundesvorstand (SJD-BV)
  (Hrsg.), Ideen, Materialien, Aktionen für Jugendgruppen - gegen Recht s-
  extremismus und Fremdenfeindlichkeit, 1992, Bonn

SJD-BV, Antifaschistische Arbeit unter der besonderen Berücksichtigung der
  Frauen- und Mädchenproblematik, o.J., Bonn

SJD-BV, Schlaglichter 1/1994, Bonn

SJD-BV, Schulpolitisches Programm, Dokument 36 der Schriftenreihe der SJD-
  Die Falken, 2.Auflage, Dezember 1994, Bonn

SJD-BV, Thema Freizeit, 1994, Bonn

SJD-BV, AJ-Andere Jugendzeitschrift, 1/ 98, Bonn

SJD-BV, AJ-Andere Jugendzeitschrift, 2/98, Bonn

SJD-BV, Freundschaft-Zeitschrift für Kinder, Bonn, 2/98

SJD-Die Falken, Unterbezirk Herne, Links und frei, o.J., Herne

Spiegel 52/79vom 24.12.1979, Hamburg

Spiegel 35/92 vom 24.08.1992, Hamburg

Spiegel 53/92 vom 28.12.1992, Hamburg

Spiegel 12/99 vom 22.03.1999, Hamburg

Spiegel 41/98 vom 05.10.1998, Hamburg

Spiegel 12/99 vom 22.03.1999, Hamburg

Spiegel 23/99 vom 07.06.1999, Hamburg

Spiegel – Wahlsonderheft vom 29.09.1998, Hamburg

Spiegel -special, November 1994, Hamburg

Stadt Hamm: Beschlußvorlage der Verwaltung, Stadtamt 02/WFH, Vorlage-Nr. 3206 vom 18.02.1998, Punkt IV.D., Hamm

Stadt Mühlheim, Amt für Wirtschaftsförderung: „Bericht für den Ausschuß für Ausbildungs-, Qualifizierungs- und Beschäftigungsförderung", Sitzung im Juni 1996, Mühlheim

Stadt Oberhausen - Amt für Öffentlichkeitsarbeit, „Maßnahmen kommunaler Beschäftigungsförderung in Oberhausen", Stand Oktober 1997, Oberha u-sen

Stadt Recklinghausen: Protokoll des Kreises Recklinghausen, öffentliche Si t-zung des Amtes 50 vom 26.05.1997, „Maßnahmen der Hilfe zur Arbeit im Kreis Recklinghausen – Berichtsvorlage", Recklinghausen

„Stern" vom 09.06.1982, Hamburg

Synodaljugendpfarramt Recklinghausen (Hrsg.), "Praxishilfe zum Thema Fre m-denfeindlichkeit", 1994, Recklinghausen

„Unicum – Das Hochschulmagazin", Mai 1999, Bochum

Westdeutsche Allgemeine Zeitung (WAZ) vom 15.06.1999, Essen

Westdeutsche Zeitung (WZ) vom 7.10.1997, Ausgabe Wuppertal

Westdeutsche Zeitung (WZ) vom 11.10.1997, Wuppertal

Westdeutsche Zeitung (WZ) vom 8.11.1997, Wuppertal

Westdeutsche Zeitung (WZ) vom 22.11.1997, Wuppertal

Westdeutsche Zeitung (WZ) vom 19.05.1998, Wuppertal

Westdeutsche Zeitung (WZ) vom 26.05.1999, Wuppertal

Wikinger-Gestalt und Ausdruck volkstreuer Jugend, Bundesführer der Wiking-'Jugend (Hrsg.), 1/94, Berlin

(Die) Zeit vom 10.09.1998, Hamburg

www.ingramcontent.com/pod-product-compliance
Lightning Source LLC
Chambersburg PA
CBHW022322280326

41932CB00010B/1193